L'AMI GRANDET,

COMÉDIE EN TROIS ACTES,

MÊLÉE DE COUPLETS,

PAR

MM. Ancelot et Alexis de Comberousse.

REPRÉSENTÉE POUR LA PREMIÈRE FOIS,

SUR LE THÉATRE DU VAUDEVILLE,

Le 24 Octobre 1834.

A PARIS,

CHEZ MARCHANT, ÉDITEUR, BOULEVART SAINT-MARTIN, N° 12.

—

1834.

N° 84.   TOME IV.   9

〇〇〇

PERSONNAGES.	ACTEURS.
GRANDET	M. Volnys.
Le Général JUMILLY	M. Hippolyte.
Le Comte d'AUGICOURT	M. Mathieu.
Arthur de NERVAL	M. Ste-Marie.
Charles de VAUDEL	M. Brindaut.
Un Domestique	M. Balard.
Second Domestique	M. Boileau.
La Duchesse de LANGEAIS	Mme Albert.
La Princesse de BLAMONT-CHAUVRY, sa Tante	Mme Guillemin.
ERNESTINE, Sœur de la Duchesse	Mlle Clara-Stéphany.
Adèle de VAUROY, Amie de pension d'Ernestine	Mlle Hortense Balthasar.
Une Femme de Chambre	Mlle C. Balthasar.

L'action se passe à Paris en 1820 : le premier et le troisième actes chez la Duchesse, au faubourg Saint-Germain ; le second acte chez le Général Jumilly.

Nota. Les personnages sont placés en tête de chaque scène, comme ils doivent l'être au théâtre ; le premier occupe la droite de l'acteur.

AVIS IMPORTANT.

Bien que le rôle de *Grandet* ait été créé à Paris par M. Volnys, les auteurs pensent que ce rôle appartient au premier comique, et que le personnage de *Jumilly* doit être joué en province par le premier rôle.

IMPRIMERIE DE DONDEY-DUPRÉ, RUE SAINT-LOUIS, N° 46, AU MARAIS.

L'AMI GRANDET,

COMÉDIE-VAUDEVILLE EN TROIS ACTES.

ACTE PREMIER.

Le théâtre représente un riche salon ; porte au fond, portes de chaque côté ; une fenêtre à gauche de l'acteur ; à droite, au premier plan, une cheminée avec glace.

Au lever du rideau, les personnages indiqués en tête de la première scène sont assis et groupés; Arthur de Nerval tient en main une brochure.

SCÈNE PREMIÈRE.

ERNESTINE, Charles de VAUDEL, la Princesse de BLAMONT-CHAUVRY, le Comte D'AUGICOURT, la Duchesse de LANGEAIS, Arthur de NERVAL.

ERNESTINE. Comme ce récit est intéressant !

CHARLES. Que de courage et de force d'ame !

ERNESTINE. Qui pourrait ne pas l'admirer, hâletant de fatigue, seul au milieu du désert, et trouvant dans l'énergie de son caractère la force que son corps épuisé lui refuse ?...

LE COMTE. Je conviens que la situation était critique.

LA PRINCESSE. C'est donc un homme de quelque valeur que ce petit soldat de Buonaparte ?

CHARLES. M. de Jumilly, devenu général d'artillerie sous un homme qui savait placer ses faveurs comme son estime, a gagné tous ses grades sur les champs de bataille ; quand la paix le contraignit à laisser son épée dans le fourreau, il alla chercher en Égypte un aliment à l'activité de son esprit, et c'est là qu'il a subi la cruelle épreuve que raconte ce journal. M. de Jumilly possède une de ces ames fortement trempées qui commandent le respect et l'admiration.

ERNESTINE. Et comme il est simple ! comme il est aimable !..... Ce n'est pas seulement un général très-distingué ; c'est encore un homme charmant dans un salon. Demandez à ma sœur ; qui le voyait presque tous les jours avant qu'il partît pour la province.

LA PRINCESSE. Ah ! oui, je me rappelle, on en a quelque peu causé dans les cercles de notre faubourg : est-ce qu'en effet ce serait un de tes nombreux adorateurs, ma chère nièce ?

DE NERVAL, *à part*. Qu'entends-je ?

LA PRINCESSE. Aurais-tu, par hasard, encouragé ces prétentions ?...

LA DUCHESSE. La noblesse de son caractère, l'élévation de son esprit, m'ont fait trouver du charme dans sa conversation, je l'avoue.

LA PRINCESSE. Et tu as été bien aise d'attacher à ton char un de ces hommes réputés indomptables, que leurs dangers et leurs aventures recommandent à l'attention du public?.. à la bonne heure ! il n'y a pas de mal à cela, mais prends garde !...

LA DUCHESSE, *souriant*. A quoi donc, ma tante?

LA PRINCESSE. Comment ! à quoi?... mais n'es-tu pas duchesse, veuve et riche? n'es-tu pas la reine de nos salons?

LA DUCHESSE. Ma chère tante !...

LA PRINCESSE. Demande à M. d'Augicourt ce qu'on disait de toi au dernier raout de la marquise d'Esclignac.

D'AUGICOURT. Je dois convenir que les éloges n'avaient point de bornes : rien de plus gracieux, de plus séduisant et de plus insaisissable que la jolie duchesse de Langeais, disait-on. Tourner toutes les têtes, ravager tous les cœurs et rester calme, c'est un art qu'elle seule possède.

DE NERVAL, *à part*. Est-il possible ?

LA DUCHESSE. En vérité, monsieur le comte, ces louanges...

LA PRINCESSE. Sont méritées ; mais songes-y bien ! le trône sur lequel tu t'es assise est glissant, et les hommes comme ce M. de Jumilly, ces caractères de fer...

LA DUCHESSE, *souriant*. Se brisent contre la volonté d'une faible femme tout aussi facilement que les autres.

LA PRINCESSE. Cela se peut ; je t'engage

pourtant à y faire attention !... Je me rappelle, moi, qu'en 1780...

LA DUCHESSE. Que vous est-il arrivé?

LA PRINCESSE, *se levant ainsi que tout le monde.* Il suffit; ne nous occupons pas du passé, et pense à l'avenir. Il serait fort ridicule, vois-tu, que ton amour s'avisât de se mésallier.

ERNESTINE. Oh! ma sœur ne songe pas à se remarier.

LA PRINCESSE. Et elle a, ma foi, bien raison! Mais souviens-toi toujours, chère petite, de ce que je t'ai dit vingt fois : ces hommes de Buonaparte, infatués de leur pauvre gloire, ont des manières à eux, apportent dans nos salons une intrépidité de champ de bataille qui ne laisse pas quelquefois d'être fort embarrassante.

LA DUCHESSE. Eh! mon Dieu! celui dont vous parlez est parti depuis deux mois : Dieu sait s'il reviendra!...

LA PRINCESSE. Désespère-le tant que tu voudras, si cela t'amuse, mais prends garde!... Adieu, chère enfant, mon service m'appelle près de Madame, et je te quitte, nous nous reverrons au bal du ministre. N'oublie pas mes avis.

LA DUCHESSE. Je vous remercie beaucoup, ma tante.

LA PRINCESSE. M. Charles de Vaudel reste sans doute près de sa prétendue?

CHARLES. Je suis contraint de m'absenter quelques instants, mais madame m'a permis de revenir, et Mlle Ernestine m'a promis, pour ce soir, la première contredanse.

ERNESTINE. Nous verrons cela.

LA PRINCESSE. Allons donc!... votre main, monsieur le comte.

AIR : *Ne raillez pas la garde citoyenne.*
(*A la Duchesse.*)
Adieu, ce soir nous nous verrons, je pense,
Mais du péril songe à te préserver;
Il ne faut point commettre d'imprudence :
On ne sait pas ce qui peut arriver.
Je l'avouerai, j'ai quelque inquiétude :
Ces généraux, pires que nos marquis,
Ont dès long-tems contracté l'habitude
D'agir partout comme en pays conquis.

ENSEMBLE.

LA PRINCESSE ET D'AUGICOURT.
Adieu, ce soir nous nous verrons, je pense, etc.
LA DUCHESSE.
Adieu, ce soir nous nous verrons, je pense,
Mais du péril je sais me préserver;
Et, croyez-moi, pour faire une imprudence,
Je sais trop bien ce qui peut arriver.
CHARLES, *à Ernestine.*
Adieu, bientôt nous nous verrons, je pense,
Car, pour le bal, je viendrai vous trouver;
Il y faut être avant la contredanse;
On ne sait pas ce qui peut arriver.
ERNESTINE, *à Charles.*
Adieu, bientôt nous nous verrons, je pense,
Car, pour le bal, vous viendrez me trouver;
Il y faut être avant la contredanse;
On ne sait pas ce qui peut arriver.
(*La Princesse, d'Augicourt, Charles et Ernestine sortent par le fond; la Duchesse les conduit.*)

DE NERVAL, *à part sur le devant.* Elle voyait tous les jours M. de Jumilly!... Oh!.. il faut qu'elle s'explique.

SCENE II.
LA DUCHESSE, DE NERVAL.

LA DUCHESSE. Ah! vous êtes resté, monsieur de Nerval? j'en suis charmée, car je pourrai vous offrir de nouveau tous mes remercîmens.

DE NERVAL. Et de quoi donc, madame?

LA DUCHESSE. Vous avez mis une complaisance extrême à nous lire cette relation du voyage de M. de Jumilly dans le désert.

DE NERVAL. Vous l'aviez désiré, madame, et vous savez qu'un désir de vous est un ordre pour moi.

LA DUCHESSE. Je ne le savais pas, mais je suis bien aise de l'apprendre.

DE NERVAL. Et pourtant cette lecture, les discours auxquels elle a donné lieu m'ont inspiré de bien cruelles réflexions.

LA DUCHESSE. En vérité?

DE NERVAL. Est-il vrai que vous êtes aimée de M. de Jumilly, madame?

LA DUCHESSE. Voilà une étrange question.

DE NERVAL. Veuillez y répondre, je vous en conjure!

LA DUCHESSE. Y répondre ?... mais ce serait fort difficile; et d'ailleurs que vous importe?

DE NERVAL. Que m'importe?.. Ignorez-vous ce qui se passe dans mon cœur?

LA DUCHESSE. Je n'ai pas cherché à le savoir.

DE NERVAL. Quoi! mes regards, ma conduite depuis le jour où j'ai eu le bonheur de vous voir, tout ne vous l'a pas appris?

LA DUCHESSE. D'abord, monsieur, je ne me pique point d'interpréter les regards; puis, qu'y a-t-il donc d'étrange dans votre conduite? vous êtes riche et bien né; à votre arrivée à Paris, M. de Vaudel, le prétendu de ma sœur, vous a présenté à moi, je vous ai reçu avec plaisir! vous avez paru satisfait de mon accueil, vous avez cru devoir prolonger votre séjour à Paris, et vous me faites l'honneur de venir me voir souvent : que dois-je trouver là de si extraordinaire?

DE NERVAL. Oh! rien d'extraordinaire, madame! car, dès qu'une fois on vous a vue, on voudrait ne plus vous quitter.

LA DUCHESSE. Ceci est fort galant, monsieur, et je vous en remercie.

DE NERVAL. Mais, quand je suis venu à Paris, j'étais prêt à me marier.

LA DUCHESSE. Eh bien, monsieur?

DE NERVAL. D'importantes affaires m'avaient appelé ici : une jeune personne que j'aimais, que je croyais aimer du moins, comptait sur ma promesse et attendait mon retour; j'ai écrit que j'avais changé de pensée, que je manquais à tous mes sermens.

LA DUCHESSE. Vous avez peut-être eu tort!

DE NERVAL. Je vous avais vue, madame.

LA DUCHESSE. Comment? Est-ce que mon aspect dégoûte du mariage?

DE NERVAL. Avec une autre que vous!... oui!

LA DUCHESSE, *souriant*. S'il en était ainsi, monsieur, et qu'il me fallût épouser tous ceux qui trouvent quelque plaisir à me voir, vous conviendrez que j'aurais fort à faire.

DE NERVAL. Mais ce sacrifice d'un avenir certain à une lointaine espérance, vous n'avez pas pu l'ignorer; vos regards, votre accueil, vos discours, tout semblait m'en faire un devoir!

LA DUCHESSE. Je ne me souviens pas de vous avoir dit un mot de cela.

DE NERVAL. Non, sans doute, madame, vous ne me l'avez pas dit; mais j'avais cru lire dans vos yeux.......

LA DUCHESSE. Où avez-vous vécu jusqu'à présent, monsieur?

DE NERVAL. A La Rochelle, où je suis né, madame.

LA DUCHESSE. Ah!.. c'est donc ça!....

DE NERVAL. Ainsi, madame, ces doux regards qui faisaient battre mon cœur, ces bienveillantes paroles qui m'engageaient à demeurer près de vous, tout cela n'était qu'un jeu? On disait donc vrai tout à l'heure? porter le trouble dans les ames, et rester impassible, faire naître d'un coup-d'œil et détruire d'un mot les illusions de ceux qui vous approchent, tel est votre bonheur? et, ce que j'éprouve aujourd'hui, M. de Jumilly l'avait éprouvé avant moi?....

LA DUCHESSE. Si votre inexpérience et votre jeunesse ne méritaient quelque indulgence, savez-vous bien que je pourrais me fâcher?

DE NERVAL. Vous fâcher?

LA DUCHESSE. Oui, monsieur, car je ne vous ai jamais donné le droit de me faire subir un interrogatoire, et encore moins celui de m'adresser des reproches.

DE NERVAL. Je vous en conjure, madame, ne vous jouez pas de mes tour-mens! il est impossible que vous n'ayez pas deviné mon cœur; ce sacrifice que j'ai fait sans hésiter, vous avez eu l'art de m'y contraindre sans me le prescrire; vous avez accueilli mon hommage, et je viens d'apprendre que, dans le même tems, vous encouragiez celui de M. de Jumilly.

LA DUCHESSE. Encore, monsieur!.....

DE NERVAL. Et c'est moi que vous choisissez pour lire le récit de ses exploits, la relation des glorieux événemens qui ont illustré sa vie!....

LA DUCHESSE, *souriant*. Est-ce que cette lecture ne vous a pas intéressé?

DE NERVAL. J'ai l'ame assez élevée pour admirer le courage, même dans un rival.

LA DUCHESSE. Ce sentiment vous fait honneur.

DE NERVAL. Mais daignez vous prononcer, madame : si j'ai bien compris ce qu'on a dit devant moi, M. de Jumilly vous aime!... qui de nous deux peut espérer d'être aimé?

LA DUCHESSE. Qu'auriez-vous à dire, monsieur, si je vous répondais : ni l'un ni l'autre?

DE NERVAL. Rien, madame! je sortirais d'ici pour n'y jamais reparaître.

LA DUCHESSE. Ce serait une folie de plus.

DE NERVAL. Dites que ce serait ma seule action raisonnable.

LA DUCHESSE, *très-gracieuse*. Vous êtes un enfant!

SCENE III.
ERNESTINE, LA DUCHESSE, DE NERVAL.

ERNESTINE. Ma sœur, ma sœur, M. Herbault, marchand de modes, vous attend dans votre appartement.

LA DUCHESSE. Ah! j'y vais : vous me pardonnez, monsieur de Nerval? il s'agit d'une affaire importante.

DE NERVAL. Oui, madame : je m'apperçois, d'ailleurs, qu'il ne me reste qu'à me retirer.

LA DUCHESSE. Nous nous reverrons, ce soir, au bal : je vous ai promis la première valse, je m'en souviens.

DE NERVAL. Je ne sais, madame......

LA DUCHESSE. Voilà qui est convenu, je compte sur vous : nous reprendrons la conversation : à ce soir, monsieur de Nerval!

DE NERVAL. Mais.....

LA DUCHESSE, *d'un ton gracieusement impérieux*. A ce soir!

DE NERVAL, *d'un ton soumis*. A ce soir!... (La Duchesse sort par la porte de gauche; Nerval sort par le fond.)

SCÈNE IV.

ERNESTINE, *seule.*

Il a l'air tout fâché !... juste comme j'ai vu si souvent le général Jumilly quand il quittait ma sœur !.... En vérité, c'est étonnant : plus elle désole ses adorateurs, plus ils sont empressés autour d'elle. Il paraît que c'est le meilleur moyen de se faire aimer.... il faudra que j'en essaie !... Ce monsieur Charles de Vaudel, mon prétendu, est si calme, si tranquille !.... il semble si sûr de mes sentimens !.... nous sommes toujours du même avis ; jamais de querelles, et par conséquent jamais de réconciliation !.. c'est ennuyeux, à la fin !...

UN DOMESTIQUE, *entrant.* Mademoiselle, une jeune dame demande à vous parler, pouvez-vous la recevoir ?

ERNESTINE. Une jeune dame ?

LE DOMESTIQUE. Elle a écrit son nom sur ce papier.

ERNESTINE. Que vois-je ?..... oh ! faites entrer tout de suite. (*Le domestique sort.*) Adèle de Vauroy à Paris !..... est-ce bien possible ?...

SCÈNE V.

ERNESTINE, ADÈLE DE VAUROY.

ADÈLE, *entrant.* Ma chère Ernestine !... que j'ai de plaisir à te revoir !...

ERNESTINE. Et moi, comme je suis contente !... ma meilleure amie de pension !... comment et depuis quand es-tu donc à Paris ?

ADÈLE. J'y suis arrivée avec mon père, il y a huit jours.

ERNESTINE. Et tu ne viens me voir qu'aujourd'hui !...

ADÈLE. Pardonne-moi, ma bonne amie, ce n'est pas ma faute : à peine arrivée, mon père a souffert beaucoup, et il m'a fallu rester auprès de lui.

ERNESTINE. Ah !... et où logez-vous ?

ADÈLE. Chez le général Jumilly.

ERNESTINE. Vraiment ?.... mais il n'est pas à Paris.

ADÈLE. Il arrive aujourd'hui même : c'est l'ancien compagnon d'armes et le plus intime ami de mon père. Il n'y a pas quinze jours encore, il demeurait chez nous à La Rochelle.

ERNESTINE. Quel homme aimable ! quel noble caractère que M. Jumilly !...

ADÈLE. Oui, je sais que tu le connais ; il nous a beaucoup parlé de Mme la duchesse de Langeais, ta sœur. J'ai deviné même que le général.....

ERNESTINE, *mystérieusement.* Tu as deviné juste.

ADÈLE. Mais j'ai cru voir que ça ne le rend pas heureux.

ERNESTINE. Ah ! dam ! il paraît que l'amour ne fait pas toujours le bonheur.

ADÈLE, *soupirant.* A qui le dis-tu, ma chère Ernestine ?

ERNESTINE. Comment ?... est-ce que tu l'aurais appris à tes dépens ?

ADÈLE. Hélas ! oui, ma bonne amie !

ERNESTINE. Conte-moi cela.

ADÈLE. Non, plus tard ! Qu'il te suffise aujourd'hui de savoir que je devais me marier, que mon prétendu a été obligé de faire un voyage, et qu'après un mois d'absence, il a écrit qu'il renonçait à ma main, que de sérieuses réflexions le décidaient à manquer à ses engagemens.

ERNESTINE. Voyez-vous ça !..... on ne devrait jamais permettre à son prétendu de voyager.

ADÈLE. Tu conçois tout mon chagrin ? mon excellent père, afin de me distraire, m'a amenée à Paris. Malheureusement il m'a fallu jusqu'à ce jour être garde-malade ; mais enfin j'ai profité d'un instant de liberté pour te venir voir.

ERNESTINE. Et tu as bien fait !... Nous parviendrons, j'espère, à te faire oublier tout cela ici : et qui sait ? tu trouveras peut-être beaucoup mieux que ce que tu as perdu.

ADÈLE. Ce n'est pas à Paris, dit-on, qu'il faut chercher la constance.

ERNESTINE. Il paraît qu'elle est tout aussi rare en province.

ADÈLE. Oui !... les départemens sont si pressés d'adopter les modes de la capitale !

ERNESTINE. Voilà encore un des inconvéniens de la centralisation.

ADÈLE. Ah !.....

ERNESTINE. Et, comme le disent les pairs et les députés que je vois ici, s'il y avait une bonne loi municipale et départementale.....

ADÈLE. Est-ce que cela rendrait les hommes moins inconstans ?

ERNESTINE. Ça les forcerait peut-être de rester chez eux.

ADÈLE. On devrait bien proposer cette loi-là à la chambre.

ERNESTINE. Que veux-tu ? le gouvernement ne songe pas aux choses les plus importantes. Mais, dis-moi, tu ne soupçonnes pas le motif qui a causé l'infidélité de ton futur ?

ADÈLE. J'ai tout lieu de croire qu'il m'a sacrifiée à quelque nouvelle passion.

ERNESTINE. Eh bien ! il faut te venger. Tu verras ici les jeunes gens les plus élégans et les plus aimables, et tu pourras choisir, un seul excepté.

ADÈLE. Lequel?

ERNESTINE. Celui que je dois épouser.

ADÈLE. Ah! il est question de ton mariage?

ERNESTINE. Oui, avec M. Charles de Vaudel.

ADÈLE. Puisses-tu, ma chère Ernestine, être plus heureuse que moi!

ERNESTINE. Oh! je prendrai mes précautions, et précisément lorsque tu es entrée, je réfléchissais aux moyens de le tourmenter si bien, qu'il n'eût pas le tems de penser à une autre que moi.

ADÈLE. Le tourmenter?... mais est-ce que c'est un moyen de se faire aimer?

ERNESTINE. Tu verras, tu verras!..... Viens avec moi, je te vais présenter à ma sœur, que tu ne connais point, mais à qui j'ai souvent parlé de toi.

ADÈLE. Non, pas en ce moment : mes soins pourraient être utiles à mon père, il faut que je te quitte.

ERNESTINE. Déjà!....

ADÈLE. Je voulais seulement t'apprendre mon arrivée à Paris, me rappeler à ton souvenir; adieu, ma bonne Ernestine, je te recevrai bientôt.

ERNESTINE. Je l'espère; et d'ailleurs j'irai te rendre ta visite. Tu habites la maison de M. de Jumilly?

ADÈLE. Oui, rue de Joubert, n° 14, où je vais sans doute le trouver, en rentrant.

ERNESTINE. Je donnerai cette nouvelle à ma sœur : je suis sûre qu'elle lui fera plaisir.

ADÈLE. A bientôt, chère Ernestine.

ERNESTINE. A bientôt!

AIR : *Heureux habitans.* (Kelly.)

ADÈLE.
Je dois m'en aller,
Car il faut retrouver mon père.

ERNESTINE.
Nous aurons, j'espère,
Un moyen de te consoler!
Ici, des amans
On dit la mémoire légère;
Crois-moi, leurs sermens
Valent ceux des départemens.

ENSEMBLE.
Tu dois t'en aller
Puisqu'il faut retrouver ton père;
Mais j'aurai, j'espère,
Un moyen de te consoler.

ADÈLE.
Je dois m'en aller,
Car il faut retrouver mon père;
Te voir est, ma chère,
Un moyen de me consoler.

(Ernestine la conduit jusqu'à la porte du fond, puis revient en scène.)

ERNESTINE, *seule un moment.* Cette pauvre Adèle! être trahie par un provincial!...

Mais je gagerais qu'elle était trop bonne, trop affectueuse!..... comme moi avec M. Charles!... Ah! ce n'est pas ainsi que fait ma sœur!... aussi, on ne l'abandonne pas, elle!....

SCÈNE VI.
LA DUCHESSE, ERNESTINE.

LA DUCHESSE. Eh bien! vous êtes seule, Ernestine? Que faites-vous donc ici?

ERNESTINE. Oh! ma sœur, je viens d'éprouver un grand plaisir.

LA DUCHESSE. Qu'est-ce que c'est?

ERNESTINE. Ma plus chère camarade de pension, Adèle de Vauroy, qui est à Paris et qui m'est venue visiter!

LA DUCHESSE. Pourquoi ne pas me l'avoir présentée?

ERNESTINE. Elle était pressée de retourner près de son père, qui est un peu souffrant : c'est un ancien ami du général Jumilly, il loge chez lui, et même Adèle m'a annoncé qu'aujourd'hui le général sera de retour.

LA DUCHESSE. Ah!... (*A part.*) Je savais bien qu'il reviendrait.

ERNESTINE. Adèle m'a promis de ne pas tarder à me revoir.

LA DUCHESSE. C'est bien, vous me ferez faire connaissance avec elle.

ERNESTINE. Oh! oui, car elle a du chagrin, et il faudra la distraire.

LA DUCHESSE. A la bonne heure!..... Mais ne songez-vous pas à vos apprêts pour le bal? M. de Vaudel doit vous offrir la main, et vous lui avez promis.....

ERNESTINE. C'est vrai, mais je suis décidée à ne pas tenir ma promesse.

LA DUCHESSE. Comment?

ERNESTINE. Je ne danserai pas avec lui ce soir.

LA DUCHESSE. Et pourquoi cela?

ERNESTINE. Oh! parce que... Qu'importe?

LA DUCHESSE. Un caprice!... Et s'il se fâche?

ERNESTINE. Ça ne durera pas.

LA DUCHESSE. Peut-être.

ERNESTINE. Bah!..... N'ai-je pas vu vingt fois le général Jumilly sortir fâché de chez vous? Est-ce que ça durait?

LA DUCHESSE. Ernestine, vous êtes folle!... N'aimez-vous pas M. de Vaudel?

ERNESTINE. Si fait vraiment!... beaucoup.

LA DUCHESSE. Eh bien! pourquoi vouloir l'affliger?

ERNESTINE. Mais, ma sœur, est-ce que vous détestez le général Jumilly? Je ne le crois pas.

LA DUCHESSE. De quoi vous mêlez-vous?

ERNESTINE. Dam! j'observe et je réfléchis : quand le général arrivait près de vous le sourire sur les lèvres, tout de suite vous deveniez grondeuse, exigeante, et vous fronciez le sourcil!... Puis, s'il était, à son tour, dans un accès de mauvaise humeur, vous paraissiez tout-à-coup gracieuse et gaie, et ça le jetait dans des transports de fureur...

LA DUCHESSE, *souriant.* Bien divertissans, je l'avoue.

ERNESTINE. N'est-ce pas?..... et il était plus amoureux que jamais!..... Eh bien! je veux essayer de ce moyen-là.

LA DUCHESSE. Que dites-vous, Ernestine?

ERNESTINE. Oui, ma sœur, je veux faire comme vous, désoler un peu M. Charles comme vous désolez M. Jumilly.

LA DUCHESSE. Et si M. Charles s'éloignait pour ne plus revenir?

ERNESTINE. Bon!... est-ce que le général ne revenait pas toujours?

LA DUCHESSE. Ernestine, je vous défends de songer à de semblables folies! nos situations ne sont pas les mêmes, et il est des choses qu'une jeune personne ne doit pas chercher à comprendre ; car elle s'exposerait à les interpréter fort mal ou à commettre de graves erreurs.

ERNESTINE. Ecoutez donc, ma sœur! avec M. de Vaudel je suis toujours dans le calme plat; je voudrais un peu de tempête, ne fût-ce que pour varier.

LA DUCHESSE. Qu'il ne soit plus question de ces extravagances, je vous en prie : allez vous occuper de votre toilette, et ne vous amusez pas à jouer un jeu que vous ne pouvez pas connaître.

ERNESTINE, *à part en sortant par la porte de droite.* Ma sœur a beau dire, j'essaierai de la tempête.

SCENE VII.

LA DUCHESSE, *seule.*

LA DUCHESSE. En vérité, cette petite fille a perdu la raison! Des caprices, de la coquetterie!... déjà!..... Dans sa position, cela n'a pas le sens commun, et j'y mettrai bon ordre!..... M. de Jumilly est de retour, et plus passionné que jamais!..... j'en étais sûre!..... Que d'éloquence dans ses lettres!... mais aussi que d'exigence!.... Ah! il faut que je me décide; et parce que je vous ai accueilli avec bonté, parce que j'ai rendu justice aux rares qualités qui vous distinguent, il faut, monsieur, que je vous sacrifie ma chère liberté, que la duchesse de Langeais devienne Mme de Jumilly?... Ah!... un moment!... les hommes sont vraiment étranges : on ne peut pas se montrer aimable avec eux sans qu'ils considèrent cela comme un engagement... Il est vrai que j'ai presque promis, et qu'il est le seul homme peut-être qui ne me paraisse pas tout-à-fait indigne d'un semblable sacrifice!........ Qu'est-ce que je dis donc?... Il n'y en a pas un qui en soit digne, et de pareilles promesses n'engagent à rien!... Ah! je prévois de cruels assauts à soutenir!...... mais je ferai tête au danger!.....

UN DOMESTIQUE, *annonçant.* M. Grandet.

LA DUCHESSE. M. Grandet?..... que me veut-il?

LE DOMESTIQUE. Il désire vivement avoir l'honneur d'être reçu par Mme la duchesse.

LA DUCHESSE, *à elle-même.* L'intime ami de M. Jumilly!... quel motif l'amène?... (*Au domestique.*) Faites entrer. (*Seule un instant.*) Je ne sais pourquoi j'éprouve quelque inquiétude!... cet original que j'ai vu deux fois à peine...

SCENE VIII.

GRANDET, LA DUCHESSE.

LA DUCHESSE. Veuillez approcher, monsieur.

GRANDET. Vous daignez me pardonner, madame, d'avoir insisté pour obtenir l'honneur de vous voir?

LA DUCHESSE. L'ami de M. Jumilly est toujours sûr d'être reçu avec plaisir.

GRANDET. C'est à ce titre que je me présente chez vous, madame, et c'est de lui que je viens vous parler.

LA DUCHESSE. Comment, monsieur? serait-il arrivé quelque accident au général?

GRANDET. Pas encore, madame, mais ça ne tardera pas.

LA DUCHESSE. Que voulez-vous dire?

GRANDET. Après deux mois d'absence, il est de retour...

LA DUCHESSE. Eh bien, monsieur?

GRANDET. Et il va vous revoir.

LA DUCHESSE. Savez-vous que cela pourrait passer pour une impertinence?

GRANDET. Ce n'est pas mon intention, madame.

LA DUCHESSE. Veuillez donc vous expliquer.

GRANDET. C'est ce que je vais faire, puisque vous le permettez ; mais je vous prierai d'avance d'excuser ce que mes expressions pourraient avoir d'inusité dans vos salons : je fréquente peu le faubourg Saint-Germain.

LA DUCHESSE. Je m'en suis aperçue.

GRANDET. Merci, madame!... Je commence : il y a quinze ans...

LA DUCHESSE. Pardon, monsieur!... Il me semble que vous remontez un peu haut.

GRANDET. C'est vrai, madame ; mais j'arriverai!... Pour que vous compreniez bien ma démarche, il est indispensable que vous connaissiez l'origine et la nature de mes relations avec Jumilly... Il y a quinze ans donc, il sortit de l'École Polytechnique, et moi je quittai l'École de Médecine : nous avions été élevés ensemble, nous ne nous séparâmes point. Nous entrâmes tous deux au 3ᵉ régiment d'artillerie légère ; lui en qualité de sous-lieutenant, moi comme chirurgien sous aide-major : les coups de canon de mon ami l'ont fait arriver au grade de lieutenant-général, mes coups de lancette m'ont fait nommer chirurgien en chef.

LA DUCHESSE. Je sais tout cela, monsieur.

GRANDET. C'est juste, madame ; mais ce que vous ne savez peut-être pas, c'est qu'il y a une grande différence dans nos caractères, et qu'il y en eut une non moins grande dans notre conduite. Jumilly, simple et bon, comme tous les hommes vraiment distingués, ne s'occupait que de combats, de gloire et de stratégie ; moi, je consacrais les loisirs de l'ambulance à des choses beaucoup moins sérieuses ; de sorte que nous sommes arrivés tous les deux à cette époque de la vie où notre avenir doit se décider, moi avec un cœur tant soit peu racorni par l'expérience, lui avec une âme encore neuve et candide.

LA DUCHESSE. Où voulez-vous en venir, monsieur ?

GRANDET. M'y voici, madame!... Il était facile de prévoir qu'un jour ou l'autre Jumilly finirait par connaître l'amour, et que ce sentiment, nouveau pour lui, exercerait une grande influence sur sa destinée. Tout dépendait de la femme qui, la première, ferait battre son cœur ; j'en tremblais, je l'avoue, et je n'avais pas tort!... Mon ami vous a vue, madame, et le malheur que je prévoyais est arrivé.

LA DUCHESSE. Un malheur ?..... monsieur !...

GRANDET. Vous avez daigné me promettre toute votre indulgence, et, d'ailleurs, je n'ai pas l'habitude de farder ma pensée... Oui, madame, ce fut un malheur ; j'ai vu naître la passion de Jumilly ; cette passion, vous avez tout fait pour l'allumer ; il ne vous cherchait pas, c'est vous qui l'avez attiré ; doux regards, propos séduisans, espérances enchanteresses, vous avez tout mis en usage, et dans quel but ?

pour qu'on vît à vos pieds cet homme si supérieur aux autres hommes!... Pendant plus d'une année j'ai été le confident de ses douleurs, le témoin des alternatives de crainte et d'espérance où vous vous plaisez à le balloter : votre réputation était venue jusqu'à moi, madame, et la situation de mon pauvre ami me désolait. Je n'ai rien négligé pour le guérir ; j'ai commencé par lui dire de vous un mal affreux.

LA DUCHESSE. Ah !...

GRANDET. Oui, madame : je lui ai annoncé que vous n'aviez pas d'autre intention que de torturer son cœur, de vous faire un esclave soumis et dévoué de l'homme remarquable sur qui tous les regards sont fixés, et qu'un beau jour vous le planteriez là quand vous vous seriez bien amusée de son amour et de son désespoir.

LA DUCHESSE. Monsieur !...

GRANDET. Oh ! je sais parfaitement ce que c'est que la coquetterie ; jadis on a daigné exercer sur moi.....

LA DUCHESSE, *souriant.* On a eu bien de la bonté.

(Elle s'assied.)

GRANDET. C'était à Dresde, en 1813 ; une dame bavaroise, jolie comme vous, était comme vous remplie de grâces, éblouissante d'esprit, mais comme vous aussi elle avait le cœur peu susceptible de sentimens vrais : elle se nommait Oliska!... C'est un joli nom, n'est-ce pas, madame ?

LA DUCHESSE. Eh ! monsieur, que m'importe?

GRANDET. Elle avait daigné agréer mon hommage, ne rien négliger pour m'enchaîner à son char ; eh bien ! madame, elle se moquait de moi.

LA DUCHESSE. C'est étonnant !

GRANDET. Mais non! pas trop !..... Un soir, j'avais le bonheur d'être auprès d'elle, j'entends du bruit ; on a l'air de craindre un oncle, un père... que sais-je ?... on me force à me sauver par une fenêtre ; je saute, je me casse la jambe gauche ; et le lendemain j'apprends que ce n'était ni un père ni un oncle qui m'avait chassé, mais un adorateur plus heureux que moi pour le moment.

LA DUCHESSE. Encore une fois, monsieur, tous ces détails...

GRANDET. Ont pour but de vous faire savoir que j'ai étudié à mes dépens. A compter de ce jour, j'ai été l'ennemi déclaré de la coquetterie ; je lui ai fait bonne et rude guerre partout où je l'ai rencontrée ; et vous ne vous étonnerez pas des efforts que j'ai tentés pour délivrer mon ami dès que je l'ai vu pris dans vos filets. Malheureusement, j'ai eu beau le prêcher, mon éloquence a été perdue.

LA DUCHESSE. C'est vraiment dommage!

GRANDET. Alors, j'ai essayé d'un autre moyen : j'ai tâché d'opposer fièvre à fièvre ; j'ai appelé l'ambition à mon secours, et j'ai trouvé pour mon ami une jeune personne qui lui apportait en dot la pairie et la certitude des plus brillantes charges à la cour.

LA DUCHESSE. Il a dû vous témoigner toute sa reconnaissance?

GRANDET. Il m'a mis à la porte.

LA DUCHESSE, *riant*. Ah! ah!... ce pauvre M. Grandet.

GRANDET. Vous trouvez cela fort drôle, n'est-il pas vrai?... mais vous permettrez que je sois d'un avis tout différent du vôtre. Voyant que je ne réussissais à rien, j'ai si bien fait, qu'il y a deux mois on a donné une mission à Jumilly.

LA DUCHESSE. C'est donc vous, monsieur, qui avez provoqué son départ?

GRANDET. C'est moi-même, car je tremblais tous les jours que vous ne finissiez par le faire tuer.

LA DUCHESSE. Tuer!...

GRANDET. Sans doute : ne s'est-il pas imaginé que c'était vous faire une grande injure que vous accuser de coquetterie, et qu'il devait en demander raison à tous ceux qui se le permettraient?... Vous jugez qu'il aurait eu fort à faire?..... Huit jours avant son départ, il ne s'en est pas fallu de six lignes qu'une balle lui fît sauter la cervelle.

LA DUCHESSE. Ah! mon Dieu! quelle folie!...

(Elle se lève.)

GRANDET. Oui, une vraie folie!... vous l'avez ensorcelé, et mieux vaudrait cent fois une bonne fluxion de poitrine, parce qu'avec des sangsues..... mais les sangsues ne peuvent rien contre l'amour.

LA DUCHESSE. Ah! ça, monsieur, je vous écoute depuis bien long-tems, et du moins vous ne m'accuserez pas de manquer de patience : je désire pourtant que vous arriviez à une conclusion.

GRANDET. J'y suis, madame! Jumilly est de retour ; il nous va falloir recommencer tous trois le métier que nous faisons depuis un an ; vous vous amuserez de sa passion, il se débattra dans sa chaîne sans avoir le courage de la rompre, je le verrai souffrir et vingt fois par jour je vous enverrai à tous les.....

LA DUCHESSE. Monsieur!...

GRANDET. Puisque vous devinez, il est inutile que j'achève ma phrase... Or donc, madame, j'ai décidé qu'il n'en serait point ainsi, et c'est pour cela que je suis venu vous trouver.

LA DUCHESSE. En vérité?

GRANDET. Une fois, deux fois, madame, voulez-vous épouser mon ami?

LA DUCHESSE. Vous êtes fou, n'est-ce pas, monsieur?

GRANDET. Pas le moins du monde!...

LA DUCHESSE. Si vous n'êtes pas fou, de quel droit m'adressez-vous une semblable question?

GRANDET. Du droit que j'ai de ne pas souffrir que l'homme qui m'est le plus cher, à qui je sacrifierais mon existence, soit le jouet de vos ravissantes agaceries, de vos délicieux manéges et de vos caprices désespérans, voilà!...

LA DUCHESSE. Si je ne savais que vous êtes un original, et si la bizarrerie de votre démarche et de votre langage ne me divertissait, j'aurais déjà fait comme votre ami, monsieur.

GRANDET. Vous m'auriez mis à la porte?

LA DUCHESSE. Nous ne sommes pas à Dresde, et je n'oblige personne à sortir par la fenêtre.

GRANDET. Vous avez raison, c'est fort dangereux!...

LA DUCHESSE. Je pense, monsieur, que vous m'avez comprise?

GRANDET. Oh! ça n'est pas difficile!... Et pourtant, je ne m'en irai point ainsi.

LA DUCHESSE. C'est un peu fort!

GRANDET. Vous ne connaissez pas Nicolas Grandet, madame!... Ah! il est bien dommage que ce ne soit pas lui qui soit devenu amoureux de vous.

LA DUCHESSE. En effet!

GRANDET. Oui, les choses auraient tourné différemment; mais enfin, si ce n'est pas moi, c'est un autre moi-même, et je ne négligerai rien pour le servir. Voyons, madame, parlons un peu à cœur ouvert, si c'est possible!... Ce n'est ni la fortune, ni le rang, ni le nom qui vous empêchent de l'épouser, car Jumilly est aussi riche que vous ; si vous êtes duchesse, il est lieutenant-général ; si votre nom est antique, le sien est illustre : eh bien! allons! un bon mouvement!... que diable! une fois n'est pas coutume!

LA DUCHESSE. Avec vous, monsieur, il n'y a que deux partis à prendre ; ou rire, ou se fâcher tout-à-fait!... j'aime mieux rire.

GRANDET. A la bonne heure!... mais rire n'est pas répondre.

LA DUCHESSE. Il faut donc absolument que je vous réponde? c'est un mariage par ambassadeur que je dois conclure?

GRANDET. Précisément, madame! mais moi, je ne veux pas de réponse diplomatique. Ecoutez-moi bien! Jumilly arrive amoureux et enchanté, car vous avez eu la bonté de lui écrire, et il a cru voir une certitude de bonheur dans les gracieuses expressions de votre lettre.

LA DUCHESSE. Il a vu cela?

GRANDET. Les cœurs nobles sont bien niais, n'est-ce pas, madame?... moi qui n'ai pas l'ame tout-à-fait aussi candide, j'ai soupçonné que son absence vous ennuyait, que vous étiez bien aise de le revoir à vos pieds, mais qu'il serait un grand enfant s'il faisait le moindre fonds sur vos paroles. Alors, sans qu'il s'en doutât, j'ai tenté une démarche auprès de vous, afin d'acquérir une conviction, parce que j'entends que tout cela finisse!... Le moment est venu de me dire si je me suis trompé, ou si j'ai deviné juste.

LA DUCHESSE. Vous avez tant de pénétration, monsieur, que je vous ferais injure en n'abandonnant pas la solution de ce problème à votre sagacité.

GRANDET. A merveille!... je vois que je ne me trompais pas!... Ainsi, madame, voilà qui est convenu?... vous n'épouserez pas mon ami, malgré les espérances que vous lui avez données, malgré les promesses que vous lui avez faites, et votre intention est de continuer à irriter son amour afin de rire des souffrances que vous causez?

LA DUCHESSE. Quand je saurai quel parti je dois prendre, il est probable, monsieur, que je ne vous choisirai pas pour confident.

GRANDET. Eh bien! moi, madame, je vais droit au fait, et je vous déclare une guerre implacable.

LA DUCHESSE, riant. Oh! oh!.. cela est effrayant!.. la guerre avec monsieur Grandet.

GRANDET. Riez tant que vous voudrez!... je vous répète que je suis résolu à venger tous ceux que vous avez désespérés, et vous savez que le nombre en est grand.

LA DUCHESSE. Les venger?.. Et de quoi?

GRANDET. Je sais d'avance ce que vous allez me dire : Notre rôle à nous autres femmes est de nous faire aimer ; le vôtre, messieurs, est de nous plaire. Aussi n'est-ce point de vos rigueurs que je prétends vous punir, les sentimens sont libres; mais on n'est pas libre de feindre ce qu'on n'éprouve pas, afin d'assurer son empire; de donner des espérances qu'on est décidé à ne jamais réaliser; de torturer à plaisir le cœur d'un homme tendre et confiant; de rendre son présent malheureux en compromettant son avenir. Voilà ce que je vois depuis trop long-tems, madame, et c'est à cela que je veux mettre un terme.

LA DUCHESSSE. Il me semble, monsieur, que votre visite a été bien longue : des soins importans me réclament, et vous me permettrez de vous quitter.

GRANDET. A votre aise, madame!

LA DUCHESSE. C'est bien heureux!

GRANDET, tirant sa montre. Seulement, je vous annonce que dans quelques heures j'aurai l'honneur de vous revoir.

LA DUCHESSE. Je ne crois pas, monsieur.

GRANDET. Moi, j'en suis sûr : alors sans doute vous serez moins fière et moins imposante.

LA DUCHESSE. Que signifie ce langage?

GRANDET. Je vous ai déclaré la guerre, mais je ne vous dois pas la confidence des moyens que j'emploirai pour vous combattre. Qu'il vous suffise de savoir que je guérirai mon ami de l'amour qu'il a pour vous!... à revoir, madame!

LA DUCHESSE. Je ne sais pas si vous êtes méchant, monsieur, mais je sais que vous êtes bien ridicule.

(Elle sort en riant par la porte de droite.)

SCENE IX.

GRANDET, seul.

Ah! je suis ridicule?..... nous verrons, madame la duchesse, nous verrons!..... Voilà le combat qui s'engage, et pardieu l'affaire sera chaude!... Non, de par tous les diables, je ne laisserai pas plus long-tems mon pauvre ami dépérir à vue d'œil; je ne souffrirai pas qu'il continue à devenir à vos genoux la fable et la risée de votre noble faubourg!... Ca vous amuse, mes belles dames, de mystifier un général de Buonaparte?... Et qui sait?... vous voulez peut-être l'amener à faire de la tapisserie dans votre boudoir; ce serait tout-à-fait de l'ancien régime!... Doucement!... doucement!... assez de Pompadours comme ça!... Oh! vous ignorez tout ce dont Nicolas Grandet est capable; je vous l'apprendrai!... J'ai eu les yeux ouverts sur vous durant l'absence de mon ami, belle et fière duchesse, tout m'est connu, et vous verrez de quel bois se chauffe un ex-chirurgien en chef de la garde impériale!... Voyons : je suis seul, étudions les êtres et prenons toutes mes notes.

(Il va regarder par la fenêtre; il tire de sa poche un carnet et s'assied dans un coin pour écrire en réfléchissant.)

SCÈNE X.

GRANDET, *assis à l'écart*, CHARLES, ERNESTINE.

(Ils entrent par le fond sans apercevoir Grandet.)

ERNESTINE, *entrant suivie par Charles.* Laissez-moi, monsieur!... encore une fois, je vous prie de me laisser.

CHARLES. Mais, en vérité, je ne comprends rien à ce caprice : me direz-vous au moins ce que vous avez à me reprocher?

ERNESTINE, *feignant la colère.* Ce que j'ai à lui reprocher?... (*A part en souriant.*) Je serais bien embarrassée pour le dire!..... (*Haut.*) Allez, monsieur, vous devriez rougir!

CHARLES. Mais de quoi?

ERNESTINE, *à part.* Il est vrai que je n'en sais rien.

GRANDET, *assis à part.* Ah! ah!... écoutons!

CHARLES. Il m'est impossible de deviner...

ERNESTINE. Il vous est impossible?..... oh! ces hommes, ils ne comprennent rien... (*A part.*) Il me semble que c'est bien comme cela que dit ma sœur! (*Haut.*) Ces messieurs ont tellement l'habitude de commettre des indignités, que cela leur paraît tout naturel, et qu'ils viennent après vous demander ingénument : qu'ai-je donc fait?

CHARLES. Certainement, je le demande.

ERNESTINE, *à part.* Bon!... il commence à s'impatienter!...

CHARLES. Jamais je ne vous vis une pareille humeur.

ERNESTINE, *à part.* Il se fâche!... Ca vient, ça vient!.. Oh! que c'est amusant!.,

GRANDET, *à part.* Voyez-vous ça!..... le proverbe a raison : bon sang ne peut mentir!

CHARLES. Je crois m'apercevoir, mademoiselle, que tout ceci n'est qu'un prétexte; mais il était fort inutile!... quand on n'aime pas les gens.....

ERNESTINE, *à part.* Bien! voilà les grands mots!... (*Haut.*) Allez, monsieur, vous n'avez pas le sens commun!

GRANDET, *à part.* Cette maison est une véritable pépinière de coquettes.

CHARLES. S'il vous convient aujourd'hui de rompre tout entre nous, vous devez au moins me le dire : alors vous me verrez sortir d'ici à l'instant même.

ERNESTINE, *à part.* Ah bien oui!.... Il ne sortira pas. (*Haut.*) Eh bien, qu'attendez-vous?

CHARLES. Votre décision!

ERNESTINE, *à part.* Comment?... Il ne se met pas en colère plus que cela!.. Il ne frappe pas du pied comme le général!

CHARLES. J'attends, mademoiselle!....

vous vous taisez!... Il faut donc que j'interprète votre silence, et que je m'éloigne?

ERNESTINE, *à part.* Mais c'est qu'il s'en va!.. Ah! mon Dieu! s'il allait ne pas revenir?.... Ca ne m'amuse plus.

CHARLES, *s'arrêtant près de la porte.* Vous désirez, mademoiselle, que je vous dise un éternel adieu?....

ERNESTINE. Mais pas du tout!....

CHARLES, *revenant.* Qu'entends-je?...

ERNESTINE. A-t-on jamais vu s'en aller de la sorte?.. et pour toujours encore?

CHARLES. N'ai-je pas dû croire que vous le souhaitiez?

ERNESTINE. Vous vous trompiez!....

CHARLES. Est-il vrai?....

ERNESTINE. Pardonnéz-moi, Charles! pardonnez-moi!.... J'ai voulu faire la coquette, vous tourmenter un peu...... ça ne m'a pas réussi; je manque d'habitude.

CHARLES. Tant mieux!....

ERNESTINE. Et j'ai tant souffert quand je vous ai vu prêt à partir!.....

CHARLES. Que vous ne recommencerez plus?

ERNESTINE. Oh! je vous en réponds!

GRANDET, *s'approchant.* Et vous ferez bien, ma belle enfant!....

ERNESTINE. Ah!... quelqu'un ici!....

GRANDET. Quelqu'un qui a tout entendu, et qui sort en vous conseillant de ne plus jouer à ce jeu-là : tous les hommes ne sont pas des niais, voyez-vous. Adieu!.. je vous fais mon compliment, jeune homme, vous ne me paraissez pas d'humeur à vous laisser mystifier; plût au ciel que tout le monde agît comme vous!.... je ne me serais pas cassé la jambe gauche, et je n'en serais pas réduit à faire ce que je vais tenter. J'ai bien l'honneur de vous souhaiter le bonsoir!... (*A part en sortant.*) A nous deux, madame la duchesse!....

SCÈNE XI.

ERNESTINE, CHARLES.

CHARLES. Quel est donc ce monsieur?

ERNESTINE. Un ami intime du général Jumilly : c'est à peine si je l'ai vu deux fois, et je ne le reconnaissais pas d'abord : je ne comprends pas ce qu'il faisait là.

CHARLES. Il était sans doute venu voir madame votre sœur?

ERNESTINE. C'est probable!

CHARLES. Maintenant que vous voulez bien ne plus me chercher querelle, je peux compter sur la première contredanse pour le bal de ce soir?

ERNESTINE. Oui, et je serai bien heureuse de danser avec vous.

CHARLES. Ainsi, plus de mauvaise humeur? plus de caprices?

ERNESTINE. Oh! jamais!.....

UN DOMESTIQUE, *annonçant.* M. le général Jumilly.

ERNESTINE. Ah!.....

SCENE XII.
CHARLES, ERNESTINE, JUMILLY.

JUMILLY. Veuillez agréer mon hommage, mademoiselle! Monsieur de Vaudel, j'ai l'honneur de vous saluer.

CHARLES. Votre humble serviteur, général.

ERNESTINE. Je n'espérais pas avoir le plaisir de vous voir aujourd'hui, quoiqu'on m'eût annoncé votre retour.

JUMILLY. Je suis arrivé depuis quelques heures seulement.

ERNESTINE. Je vais avertir ma sœur de votre présence ici, car c'est pour elle que vous venez, n'est-ce pas?

JUMILLY. Je serais bien heureux si elle daignait m'accorder un moment.

ERNESTINE, *souriant.* Oui, monsieur, je pense qu'elle daignera vous donner ce bonheur!... A bientôt, monsieur Charles! Je vais me faire belle pour vous dédommager.

CHARLES. Rien ne saurait vous embellir à mes yeux!

(Il salue le général et sort par le fond; Ernestine entre chez sa sœur à droite.)

SCENE XIII.
LE GÉNÉRAL JUMILLY, *seul.*

Me voilà rentré dans cet hôtel où j'ai tant souffert, et où cependant je suis si heureux de revenir!... Durant deux mois d'absence, il me semble que je n'ai pas vécu!... je vais la revoir!.... mais non plus comme avant mon départ, capricieuse et coquette : elle aussi, elle a été triste de cet interminable voyage!... sa lettre me l'annonce; cette lettre charmante qui a décidé mon retour! Ah! Grandet n'est qu'un insensé!..... il ose l'accuser encore...... depuis quelques heures que je suis à Paris, que ne m'a-t-il pas dit déjà? ah! il ne la connaît pas!..... à moi maintenant le bonheur!... à elle toute ma vie!..... J'entends du bruit... oh! la voici!.. ..

SCÈNE XIV.
LA DUCHESSE, *en toilette de bal,* JUMILLY.

LA DUCHESSE. Eh! bonsoir donc, général!....

JUMILLY. Madame!.....

LA DUCHESSE. Je n'ai pas besoin de vous dire sans doute que je suis charmée de vous voir?.... j'espérais ce plaisir, car on m'avait appris votre retour; mais il paraît que vous n'avez point oublié l'heure où vous veniez habituellement me rendre visite, et je vous remercie de cette exactitude.

JUMILLY. N'est-elle pas bien naturelle?

LA DUCHESSE. L'exactitude est la plus respectueuse des flatteries. Asseyez-vous là, près de moi, comme avant votre départ, et pardonnez-moi surtout.

JUMILLY, *s'asseyant.* Vous pardonner?

LA DUCHESSE. Mais oui : ne vous ai-je pas fait attendre?

JUMILLY. J'attendrais patiemment une éternité, si je savais trouver la Divinité belle comme vous l'êtes.

LA DUCHESSE. Ah!... des complimens!...

JUMILLY. Est-ce vous en adresser un que vous parler de votre beauté?..... Il est vrai que vous ne pouvez plus être sensible qu'à l'adoration!.... aussi je demande pour toute faveur de baiser votre écharpe.

LA DUCHESSE. Ah! fi!... Je vous estime assez pour vous offrir ma main!

(Il baise sa main.)

JUMILLY. Que vous êtes bonne!... Mathilde!... plus d'une fois vous m'avez permis de vous nommer ainsi; je ne m'étais donc pas abusé? cette lettre, qui me ramène à vos pieds, elle exprime les véritables sentimens dont votre cœur est animé?... Vous avez compris enfin qu'une année de tourmens, d'incertitude et d'amour méritait une récompense?

LA DUCHESSE. Ah! mon Dieu!... mais vous m'effrayez sur ce que je vous ai écrit!

JUMILLY. Vous effrayer?... et pourquoi? Vous avez senti que ces épreuves cruelles, car ce n'étaient que des épreuves, devaient avoir un terme; qu'un soldat, pendant quinze années de guerre et de travaux, n'avait pas eu le tems de se façonner à toute votre stratégie de boudoir; vous avez vu qu'à trente-cinq ans il vous apportait un cœur qui jusque-là n'avait été rempli que par les émotions du champ de bataille; qu'il vous aimait avec tout l'emportement d'une première passion, avec toute la sincérité d'un enfant.

LA DUCHESSE. Ah! oui, c'est toujours la même chose!... nous persuader qu'ils n'ont jamais aimé; voilà la grande prétention des hommes auprès de nous! Pure politesse! Ne savons-nous point, par nous-mêmes, à quoi nous en tenir là-dessus? Mais vous vous plaisez à nous tromper, et nous vous laissons faire, pauvres sottes que nous sommes, parce que vos tromperies sont encore un hommage rendu à la supériorité de nos sentimens.

JUMILLY. Moi, vous tromper!... le croyez-vous? oh! non, certes!... depuis le tems que vous me voyez à vos genoux, tâchant de vous attendrir, implorant un doux regard, attendant le seul mot qui puisse me donner le bonheur!

LA DUCHESSE. Eh bien! aimer, n'est-ce pas plaider, mendier et attendre?

JUMILLY. Mais le plaideur finit par maudire son juge, l'indigent s'indigne de l'insensibilité qui le repousse, et l'on peut se lasser d'attendre sans rien voir venir.

LA DUCHESSE. La patience est la plus utile des vertus.

JUMILLY. Le moment vient où elle s'épuise!... Vous n'avez point voulu mettre la mienne à une plus longue épreuve et je vous rends grâces!

LA DUCHESSE, *souriant*. Vous vous pressez beaucoup.

JUMILLY. Non!... Ces lettres que je vous écrivais, bien souvent malgré moi, ces lettres, où tant de désespoir se mêlait parfois à tant d'amour, elles ont enfin obtenu une réponse!... j'ai reçu de vous une promesse et vous l'accomplirez! Vous ne pouvez plus me refuser le prix de tant de soins, de constance et de dévouement.

LA DUCHESSE. Le prix!..... le prix!..... vraiment, je ne vous conçois pas; qu'avez-vous donc tant fait qui mérite une récompense? Il vous a plu de venir chaque jour à mon hôtel; je vous y ai reçu de mon mieux, avec tout l'abandon, toute la complaisance d'une amie, est-ce donc là pour vous une si grande peine?... Des causeries, que vous vouliez bien appeler amusantes, vous y faisaient trouver le tems un peu plus rapide qu'ailleurs, à ce qu'il paraît; je ne dis pas qu'il m'ait jamais semblé long!... Mais enfin, toutes choses égales, nous sommes quittes!.. nous ne nous devons rien.

JUMILLY, *avec explosion en se levant*. Rien!...

LA DUCHESSE, *reculant son fauteuil*. Ah! mon Dieu!... ne criez donc pas comme cela!... c'est du plus mauvais goût!... et vous m'avez fait peur!....

JUMILLY. C'est qu'il est des momens où l'on ne peut contenir son émotion!... pardonnez-moi!... le mot que vous venez de prononcer, ce *rien* si cruel, c'était encore une épreuve: j'aurais dû le deviner!..... mais près de vous je suis tout à une seule pensée, et vous le savez, l'esprit se tait quand le cœur parle.   (Il se rassied.)

LA DUCHESSE, *souriant*. Tâchez que le vôtre ne parle pas si haut.

JUMILLY. Oui, je suis un fou, et je deviendrais coupable en vous montrant la moindre défiance; car cette certitude de bonheur que votre lettre m'a donnée, vous n'avez jamais eu l'intention de me l'enlever: vous ne le devez plus, vous ne le pouvez plus!... et c'est sur mon cœur que vous allez confirmer une espérance.

LA DUCHESSE, *se dégageant et se levant*. Prenez donc garde!... vous froissez toute ma toilette!...

JUMILLY, *se levant*. Mathilde!...

LA DUCHESSE. Il paraît qu'on prend de bien étranges manières en province?

JUMILLY. Abjurez, je vous en conjure, ce ton froid et moqueur, il en est tems!...

LA DUCHESSE. Silence!... voici quelqu'un.

UN DOMESTIQUE, *apportant un bouquet*. Madame...

LA DUCHESSE. Eh bien, qu'est-ce? que voulez-vous?

LE DOMESTIQUE. On vient d'apporter à l'hôtel ce bouquet pour madame.

LA DUCHESSE. De quelle part?...

LE DOMESTIQUE. De la part de monsieur de Nerval.

JUMILLY, *à part*. De Nerval!...

LA DUCHESSE, *prenant le bouquet*. C'est bien!... sortez!...

(Le domestique sort.)

JUMILLY, *à la Duchesse*. Vous connaissez un monsieur de Nerval?

LA DUCHESSE. Sans doute: que vous importe?

JUMILLY. C'est que ce nom.....

LA DUCHESSE. Est celui d'un homme beaucoup plus aimable et beaucoup plus galant que vous.

AIR *du Baiser au Porteur*.
À mes succès, lui, j'en suis sûre,
Il sera charmé d'applaudir;
Il veut embellir ma parure;
Vous cherchez, vous, à m'enlaidir.
JUMILLY.
De cet attirail des coquettes,
Oui, je voudrais vous dégager;
Car l'amour aime les toilettes
Qu'il ne craint pas de déranger.

LA DUCHESSE. Si je vous laissais faire, je ne pourrais bientôt plus me montrer dans un salon!

JUMILLY. Il me semblait, je l'avouerai, qu'un homme qu'on aime, un époux.....

LA DUCHESSE. Oh!... un époux!...

JUMILLY. Mathilde, une promesse est une chose sacrée!... j'ai la vôtre!...

LA DUCHESSE. Etes-vous bien sûr que je vous aie promis cela!

JUMILLY. Si j'en suis sûr?... votre lettre est là, sur mon cœur!...

(Il va pour la prendre.)

LA DUCHESSE, *arrêtant son mouvement.*
Non, non, c'est inutile !.. qu'elle y reste !

JUMILLY. Qu'entends-je ?... cela n'est pas possible ; vous ne voudriez pas vous jouer ainsi de moi ! vous ne vous plairez pas à tuer les espérances qui me font vivre ! vous ne chercherez pas à me faire comprendre que, semblable à toutes les femmes de Paris, vous avez des passions et point d'amour ! S'il en était ainsi, pourquoi m'auriez-vous demandé ma vie, et pourquoi l'auriez-vous acceptée ?

LA DUCHESSE. Je ne vous ai rien demandé du tout, mon ami.

JUMILLY. Votre ami !..... vous oseriez encore m'appeler votre ami, après m'avoir abusé, torturé à ce point ?.... Prenez-y garde, madame ; il est des hommes qui peuvent souffrir long-tems, mais qui ne pardonnent point dès qu'une fois ils ont vu qu'on voulait se jouer d'eux !... et je suis de ces hommes-là.

LA DUCHESSE. Ah !.... des menaces ?.... Il ne vous reste plus qu'à me déclarer la guerre, comme M. Grandet.

JUMILLY. Que voulez-vous dire ?

LA DUCHESSE. Que votre ami est un pauvre ambassadeur, et que je ne lui conseille pas de solliciter un emploi dans la diplomatie.

JUMILLY. Je ne sais, madame, quelle démarche, inconvenante peut-être, la franche et sincère amitié de Grandet a pu lui inspirer !... mais je sais que, pour la dernière fois, je suis là vous suppliant de mettre un terme à mes longues souffrances ; je sais que j'ai reçu de vous une promesse, et que j'en réclame l'exécution.

LA DUCHESSE. Que vous dirai-je, mon ami ?... si je vous ai fait cette promesse, chose dont je ne suis pas bien certaine, j'ai eu tort.

JUMILLY. Comment ?...

LA DUCHESSE. Oui, j'aurai toujours beaucoup de plaisir à recevoir vos visites ; mais je ne suis pas décidée à me remarier : je ne vous aime peut-être pas encore assez pour cela !... Plus tard, nous verrons !...

JUMILLY. Oh! c'est une dérision !...

LA DUCHESSE. Non, rien n'est plus positif !... (*Elle sonne.*)

JUMILLY. Que faites-vous ?....

LA DUCHESSE. Mon cher général, voici l'heure de me rendre au bal ; vous avez fait une longue route, vous devez être fatigué.....

JUMILLY. Mathilde !...

LA DUCHESSE. Assez, je vous en prie, assez pour aujourd'hui ! (*A sa femme de chambre qui entre.*) Mademoiselle, regar-

dez donc, voilà une boucle qui ne tient pas du tout. (*A Jumilly, en s'asseyant.*) Vous permettez que devant vous, général... (*La femme de chambre arrange la boucle.*) C'est bien !..... Dites à mes gens de faire avancer ma voiture. (*La femme de chambre sort. A Jumilly.*) Vous ne m'en voulez pas ?

JUMILLY. Au contraire, madame !..... vous venez de me rendre un grand service, un peu tard, il est vrai, mais n'importe !... je vous remercie.

LA DUCHESSE, *souriant.* Y a-t-il vraiment de quoi ?

JUMILLY. Oui, madame, le mal que j'éprouvais n'est cruel et ne peut tuer que tant qu'il est mêlé d'espérance ; dès qu'elle disparaît, il n'y a plus de danger, on cesse de souffrir.

LA DUCHESSE. C'est fort heureux.

UN DOMESTIQUE. La voiture de madame la duchesse.

LA DUCHESSE. C'est bon !..... à revoir, général.

JUMILLY. Jamais.

LA DUCHESSE, *à part en sortant.* Il reviendra demain.

SCÈNE XV.
JUMILLY, *seul.*

Tout est fini !... Grandet avait raison !... rien que de la vanité dans ce cœur sec et glacé !.. Oh! quel horrible réveil !... mais à présent le plus froid dédain !... et comment le lui témoigner ?... Ah! je ne lui ai pas fait comprendre tout ce qu'il y a d'amer dans les sentimens que j'éprouve enfin pour elle !... que ne donnerais-je pas pour la tenir là, près de moi, seulement une heure, et l'accabler des expressions de mon mépris ?...

SCÈNE XVI.
JUMILLY, GRANDET.

GRANDET. Eh bien ?

JUMILLY. Ah! c'est toi, Grandet ?..... que viens-tu faire ici ?

GRANDET. Je viens te féliciter : ta belle duchesse a mis le comble à tes vœux ? tu es le plus heureux des hommes ?

JUMILLY. J'ai le cœur brisé !..... Espérance, avenir, tout est perdu.

GRANDET, *souriant.* Oh !... cela m'étonne !... et tu l'adores toujours ?

JUMILLY. Je la hais et la méprise !.

GRANDET. A la bonne heure donc !..... Ah ça ! elle s'est bien moquée de toi ?

JUMILLY. Elle vient de partir pour le bal.

GRANDET. Oui, mais elle ne soupçonne pas à quel bal on la conduit : toutes mes mesures sont prises ; c'est elle qui paiera les violons.

JUMILLY. Que veux-tu dire?

GRANDET. Viens avec moi, tu le sauras.

JUMILLY. Explique-toi!

GRANDET. Pas ici!.... en route?... Sois inflexible, et tu es vengé!

(Il l'entraîne; la toile tombe.)

FIN DU PREMIER ACTE.

ACTE II.

Le théâtre représente un salon chez M. de Jumilly: porte au fond, porte à gauche de l'acteur; du même côté, au premier plan, un canapé. A droite, une cheminée avec du feu, et dessus des flambeaux allumés. Au fond, vers la gauche de l'acteur, un pupitre de musique, sur lequel sont posés une flûte et un cahier de musique ouvert.

SCÈNE PREMIÈRE.
GRANDET, JUMILLY.

(Ils entrent au lever du rideau par le fond.)

JUMILLY. Est-il possible, mon ami, un enlèvement?...

GRANDET. Oui, pardieu, et dans toutes les règles! ses gens ivres-morts, deux hommes à moi mis à leur place, une longue promenade sur les boulevarts afin de nous donner un peu de tems, et la fière duchesse va se trouver rue de Joubert, n° 14, à la discrétion du général Jumilly et de son ami Grandet.

JUMILLY. Sais-tu bien que c'est infâme ce que tu as fait là, et que je ne consentirai point à être ton complice?

GRANDET. Ah ça! vas-tu recommencer?... Je la hais et la méprise, disais-tu; je donnerais tout au monde pour qu'elle fût en mon pouvoir, pour qu'il me fût permis de lui faire sentir à mon aise que l'amour a été remplacé dans mon cœur par le plus froid dédain!... Eh bien! ce que tu souhaitais si vivement, je te l'offre moi!... et tu recules!... va donc pour la centième fois te jeter à ses pieds et lui demander pardon de tout le mal qu'elle t'a fait.

JUMILLY. Oh! jamais!..... je veux me venger, je le veux! mon supplice fut trop long et trop cruel!..... mais quel amant trompé, indignement joué, imagina, même dans un moment de désespoir, un semblable moyen?

GRANDET. Et penses-tu donc qu'il faille agir comme tout le monde avec une femme qui ne ressemble à aucune autre femme, une véritable exception dans l'espèce? non, mon ami, non!... Elle s'est amusée à te tourmenter, tu la tourmenteras à ton tour! elle s'est moquée de toi pendant une année, tu te moqueras d'elle pendant une heure!... vous ne serez pas encore quittes.

JUMILLY. Mais elle aura le droit de me mépriser, car ma conduite n'aura pas été celle d'un galant homme.

GRANDET. Te mépriser?... laisse donc!... on méprise un esclave, on tremble devant son maître; et, si tu le veux, tu seras le sien!... à compter de ce jour les rôles auront changé.

JUMILLY. Le crois-tu?

GRANDET. J'en réponds!... Mon pauvre ami, tu n'as pas voulu m'écouter, tu as perdu ton tems à tâcher de greffer ta belle ame sur une nature ingrate qui a trompé toutes tes espérances; tu t'es livré pieds et poings liés à une femme qui a inventé pour toi des malices inconnues jusqu'à présent à la population féminine; et tu la plaindrais! tu serais assez fou pour oublier ses crimes et tes souffrances!... Je ne les oublie pas, moi!... Quand vingt fois je t'ai vu désespéré, prêt à te briser la tête contre les murailles, je ne t'ai pas dit que je m'égratignais la poitrine de colère, et que je l'aurais tuée, cette femme!...

JUMILLY. Mon ami!...

GRANDET. Sois tranquille, je ne la tuerai pas; mais, pardieu, je te vengerai!

JUMILLY. Et quelle sera la fin de tout ceci?

GRANDET. Cela dépend de toi!..... Sois implacable comme elle; tâche de l'humilier, de piquer sa vanité, d'intéresser, non pas le cœur, non pas l'ame, mais les nerfs de cette femme... et tu verras!...

JUMILLY. Serait-il possible?

GRANDET. Mais ne t'avise pas de fléchir!.... Si tu as le malheur d'hésiter, si elle voit remuer un de tes sourcils, tu es perdu!... elle glissera de tes griffes comme un poisson, et s'échappera pour ne plus se laisser prendre!... Reste inflexible devant elle! que chacune de tes paroles soit comme un coup de lanière qui la déchire!..... quand tu auras frappé, frappe encore, frappe toujours!... Ces femmes-là sont dures, mon ami!... la souffrance seule peut leur donner un cœur!...

JUMILLY. Un sentiment vrai n'a jamais fait battre le sien.

GRANDET. Et je doute fort que ça vienne!..... mais c'est égal, va toujours, tu te seras vengé du moins!..... Si j'avais agi de la sorte avec la Bavaroise Oliska, je ne me serais pas cassé la jambe gauche!..... mais alors j'étais un grand niais aussi?

JUMILLY. Je ne le serai plus!... c'en est fait maintenant: elle a épuisé tout ce qu'il y avait en moi de tendresse et d'indulgence! Oui, tu as raison, je l'humilierai, je la blesserai dans sa vanité, seul sentiment qu'elle connaisse!..... puis qu'elle sorte d'ici, et que je ne la revoie jamais!...

GRANDET. A merveille!..... Le concert commencera par un *duo*; mais j'y viendrai faire ma partie, et nous finirons par un *tutti*, qui, j'espère, produira de l'effet!...

JUMILLY. Comment?...

GRANDET. Laisse-moi faire!....'. tu ne soupçonnes pas tout ce que ta fière duchesse a fait pendant ton absence, ni ce que je lui prépare: elle a ri quand je lui ai déclaré la guerre; mais rira bien qui rira le dernier!

JUMILLY. Je ne te comprends pas.

GRANDET. Patience!... tout te sera expliqué!... Je vais bientôt monter chez ton ami, M. de Vauroy: sa fille est auprès de lui, sans doute?

JUMILLY. Je crois qu'oui!..... Il souffre toujours, et pourtant il compte repartir bientôt pour La Rochelle.

GRANDET. Il me suffit qu'il soit encore à Paris ce soir.

JUMILLY. Quel est donc ton projet?

GRANDET. Patience, te dis-je!... la promenade de notre belle ennemie doit être terminée, j'entends quelqu'un; voici l'instant de la résolution!...

JUMILLY. Sois tranquille.

SCÈNE II.

JUMILLY, GRANDET, un Domestique.

LE DOMESTIQUE. Monsieur!... madame la duchesse.

JUMILLY. Déjà!...

GRANDET, *au domestique.* Prie-la de monter.

LE DOMESTIQUE. Mais, monsieur, elle est évanouie.

JUMILLY. Grand Dieu!

GRANDET. Evanouie?... Eh bien! qu'on l'apporte.

LE DOMESTIQUE, *sortant.* Oui, monsieur.

JUMILLY. Tu vois, mon ami, quel effet!...

GRANDET. Je ne pensais pas qu'elle se servirait si tôt de l'évanouissement; elle a tort de se tant presser... ce sont des munitions perdues.

JUMILLY. Si elle allait être malade?

GRANDET. Ah bien oui!... d'ailleurs je suis médecin, je la soignerais.

JUMILLY. Courons au moins lui prodiguer...

GRANDET, *l'arrêtant.* Veux-tu bien ne pas bouger d'ici!... (*Au domestique qui est rentré.*) Que s'est-il donc passé?

LE DOMESTIQUE. D'abord, Mme la duchesse s'est inquiétée de la longueur de la route; puis, en descendant de voiture, ne reconnaissant pas la maison où elle croyait arriver, elle a voulu fuir et crier; mais Jac-

ques lui a dit à l'oreille, comme M. Grandet l'avait ordonné, que si elle criait elle était morte, et ça lui a fait une si grande frayeur qu'elle a perdu connaissance... La voici, monsieur.

GRANDET. C'est bon!

SCÈNE III.

JUMILLY, GRANDET, LA DUCHESSE.
(Elle est apportée évanouie par un domestique, qui la dépose sur le canapé, et sort avec le premier, sur un signe de Grandet.)

JUMILLY. Oh! qu'as-tu fait?... ne devais-tu pas prévoir cela?... une femme si faible!... si délicate!...

GRANDET. Au cœur si tendre, n'est-ce pas?

JUMILLY. Pauvre Mathilde!...

GRANDET, *le forçant à reculer.* Maladroit!... finiras-tu?... ne vois-tu pas les couleurs qui reparaissent?... elle est capable de suivre tous tes mouvemens: ces femmes-là ne s'évanouissent que d'un œil.

JUMILLY. Ah! oui, de la ruse!... toujours de la ruse!... tu dis vrai!... Laisse-nous, Grandet!...

GRANDET. Ah ça! pas de faiblesse?

JUMILLY. Non!..... je suis décidé à lui dire tout ce que j'ai sur le cœur!... et ici, du moins, il faudra bien qu'elle m'écoute!... Ce que tu as fait, jamais je ne l'aurais tenté, mais j'en profite.

GRANDET. A la bonne heure!..... Je ne serai pas loin!..... mais si tu fléchissais, comment t'avertir?..... Ah! j'ai un moyen.

JUMILLY. Que prétends-tu faire?

GRANDET. Tu verras!..... Songe que je surveille tes moindres mouvemens!...

JUMILLY. Oh! ne crains rien.
(Il va s'asseoir près de la cheminée, prend un journal, et Grandet sort par la porte de gauche, en emportant la flûte, qui est restée sur le pupitre.)

SCÈNE IV.

JUMILLY, LA DUCHESSE.
(Elle reprend ses sens, regarde de tous côtés avec étonnement, aperçoit Jumilly, qui lit d'un air très-calme.)

LA DUCHESSE, *poussant un cri d'effroi.* Ah!...

JUMILLY, *levant à peine les yeux de dessus le journal.* Pardon, madame!... je prendrai la liberté de vous dire ce que vous me disiez chez vous il y a une heure: Ne criez pas si fort!... cela est du plus mauvais goût!...

LA DUCHESSE. Comment?...

JUMILLY. D'ailleurs, des cris seraient inutiles: personne ne peut les entendre.

LA DUCHESSE. Monsieur!..... où suis-je?... où m'a-t-on amenée?

JUMILLY. Chez moi, madame!

LA DUCHESSE, *se levant*. Chez vous!....-ah! monsieur...

(*Elle fait quelques pas.*)

JUMILLY, *se levant aussi*. Vous ne pouvez sortir d'ici que par ma volonté, madame!... soyez donc assez bonne pour rester sur ce canapé, comme si vous étiez sur le vôtre..... dédaigneuse encore, si vous voulez, mais aussi tranquille!

LA DUCHESSE, *l'examinant.* (*A part.*) Quel changement!... oh! c'est une feinte, et je reconnais là M. Grandet!... (*Elle se rassied sur le canapé.*) Puis-je, sans indiscrétion, vous demander, monsieur, ce que vous voulez faire de moi?

JUMILLY. Rien du tout, madame.

LA DUCHESSE. Ainsi le but d'une si noble conduite?...

JUMILLY, *qui s'est rassis*. Vous resterez ici peu de tems, madame : ce qu'il m'en faudra seulement pour vous parler une fois tout à mon aise et avec la certitude d'être écouté.

LA DUCHESSE, *se levant*. Et si je ne veux pas vous entendre?..... si je veux sortir d'ici à l'instant même?

JUMILLY. Ayez, je vous en conjure, la bonté de reprendre votre place.

LA DUCHESSE, *se rasseyant*. Mais c'est une infâmie!..... Est-ce ainsi que vous espérez vous faire aimer?

JUMILLY. Il ne s'agit pas de cela!

LA DUCHESSE, *avec un mouvement de surprise*. Ah!...

JUMILLY. Non, madame!... Quand vous êtes dans votre boudoir, vous me prêtez si peu d'attention, que je ne trouve pas de mots pour mes idées : puis, chez vous, à la moindre pensée qui vous déplaît, vous tirez le cordon de votre sonnette, et vous mettez votre amant à la porte comme le dernier de vos laquais. Ici j'aurai l'esprit plus libre; personne ne peut me jeter dehors, et vous aurez l'extrême complaisance de m'entendre jusqu'au bout!..... Soyez sans crainte, vous ne courez aucun danger; je ne prétends point obtenir par la violence ce que n'ai pas su mériter!....

LA DUCHESSE, *à part*. Est-ce un rêve?... suis-je bien chez lui?..... est-ce bien lui que j'entends?

JUMILLY. Veuillez m'écouter, madame!..... Un jour, vous avez désiré mon amour, et je vous l'ai donné pur, entier, sans mélange, aussi respectueux qu'il était violent, aussi tendre qu'il était sincère, enfin si grand que c'était une folie!..... Après avoir cherché à le faire naître, vous l'avez encouragé... pour en rire!... cela

vous a paru amusant!..... Certes, toute femme peut se refuser à un amour qu'elle ne partage point; l'homme qui aime sans se faire aimer n'a pas le droit de se plaindre!... mais attirer à soi, en simulant la passion, un malheureux privé de toute affection sur la terre; lui faire comprendre le bonheur dans toute sa plénitude pour le lui ravir; lui voler son avenir de félicité; le tuer, non seulement aujourd'hui, mais dans l'éternité de sa vie, en empoisonnant toutes ses heures et toutes ses pensées, c'est un crime, madame!...

LA DUCHESSE. Monsieur!...

JUMILLY. Je ne puis encore vous permettre de me répondre!..... Vous ne négligez aucune des pratiques de la religion, madame; vous êtes même un peu dévote?... eh bien! quand les journaux vous annonceront désormais le châtiment de quelque condamné, croyez-moi, priez pour lui, car vous êtes cent fois plus coupable qu'il n'aura pu l'être!..... Poussé par la faim et le désespoir, le malheureux n'a tué qu'un homme : vous aurez fait plus, vous!.. vous avez tué le bonheur d'un homme, sa plus belle vie, ses plus chères croyances!..... vous lui avez fait voir la lumière avant de lui crever les yeux!... Ah! pourquoi ne peuvent-ils, ceux qui passeront près de vous, lire sur votre front : Prenez garde, vous qui avez un cœur!... car cette femme-là n'en a point!...

LA DUCHESSE. Est-il possible?...

JUMILLY, *se levant et se tenant debout loin d'elle*. J'exprime mal sans doute ce que je pense!.... je souffre trop encore des blessures que vous m'avez faites!..... mais ne croyez pas que je me plaigne!..... vous vous tromperiez!... non, madame, je m'explique, et voilà tout!

LA DUCHESSE. Quel langage!...

JUMILLY. Que, dans vos salons, vous prodiguiez de doux regards, de gracieuses et engageantes paroles à quelqu'un de ces élégans à la tête vide et merveilleusement frisée, qui viennent, en papillonnant autour de vous, peindre des sentimens qu'ils n'ont jamais connus, soit!..... c'est un échange de fausse monnaie où l'un ne donne pas plus que l'autre!... mais il n'en pouvait être ainsi avec moi, madame, et vous le saviez bien!...

LA DUCHESSE, *se cachant la figure dans ses mains*. Oh! mon Dieu!...

JUMILLY. Pourquoi cacher votre visage? Non, non! restez fidèle à votre nature!... vous avez bien contemplé sans émotion les tortures du cœur que vous brisiez!... rassurez-vous!... je ne puis plus souffrir!...

d'autres, aussi crédules que je le fus, vous diront sans doute encore que vous leur donnez la vie ?...moi, je vous dis avec délices que vous m'avez donné le néant.

LA DUCHESSE. Assez, monsieur !... assez, de grâce !...

JUMILLY. J'étais seul sur la terre, et j'avais cru trouver un cœur qui répondait aux émotions du mien ; je m'étais trompé !... Durant une vie éprouvée par de longs et pénibles travaux, je n'avais que souffert ; grâce à vous, j'ai compris ce que c'est qu'être malheureux.

LA DUCHESSE. Oh ! non, cela n'est pas ! cela ne peut pas être !... s'il était vrai, je ne me le pardonnerais de la vie !

JUMILLY. Veuillez vous épargner ces pleurs, madame !... si j'y croyais, ce serait pour m'en défier !... rien de vous désormais n'a la puissance de m'émouvoir !... et maintenant j'ai tout dit !

LA DUCHESSE, *avec noblesse et se levant.* Henri, si j'ai été envers vous aussi cruelle que vous le dites, vous êtes en droit de me traiter ainsi !... oui, vos paroles ne sont pas assez dures encore !... et pourtant, cette confiance, cet amour que vous m'avez montrés ne pouvaient-ils durer un jour de plus ?..... Innocente hier à vos yeux, pourquoi suis-je coupable aujourd'hui ?

JUMILLY. C'est que le cœur s'use à souffrir, madame ! c'est que l'instant arrive où, quand le vase est trop plein, une seule goutte le fait déborder !

LA DUCHESSE. Et savez-vous si ce soir même je ne rêvais pas notre félicité à venir ? si je n'avais pas enfin placé toute ma confiance dans ce caractère noble et fier dont vous m'avez donné tant de preuves ?...

JUMILLY, *un peu troublé.* Madame !... (On entend dans la coulisse jouer sur la flûte l'air : *Prenez garde ! la Dame blanche vous regarde.*)

LA DUCHESSE, *avec étonnement.* Qu'est cela ?...

JUMILLY, *se remettant.* Rien, madame ! (*A part.*) C'est Grandet qui me rappelle à moi-même.

LA DUCHESSE. Dites-moi, Henri, êtes-vous bien sûr que je n'aie jamais eu au cœur je ne sais quel désir de rendre heureux l'homme que mes caprices avaient affligé peut-être ? Etes-vous bien sûr que, même dans ces jours d'injustice et d'humeur dont vous vous plaignez, je ne songeais pas à toute une existence de bonheur et d'amour ?... vous m'accusez avec des paroles de haine et de mépris ?..... mais moi seule, ne pouvais-je partager avec toutes les femmes ces incertitudes, ces craintes si naturelles quand il s'agit de se lier pour la

vie ?... Et si je vous disais aujourd'hui : ces femmes qui aiment et qui sont aimées, elles cèdent, mais elles combattent ! eh bien ! Henri, j'ai combattu !.. mais me voilà !

JUMILLY, *ému.* Vous !
(On entend dans la coulisse jouer sur la flûte l'air : *Prenez garde ! la Dame blanche vous regarde.*)

LA DUCHESSE, *étonnée.* Encore !...

JUMILLY, *à part.* Ah !... Il a raison ; ce ne peut être qu'une ruse nouvelle !...

LA DUCHESSE, *avec quelque inquiétude.* Ce bruit est étrange !..... Eh bien ! Henri, vous semblez ne m'avoir pas entendue ?... Vous vous taisez ?...

JUMILLY, *très-froid et très-sévère.* Oui, car rien au monde à présent ne peut me prouver la sincérité de vos paroles.

LA DUCHESSE. Ah !... vous le voyez, monsieur ! Une femme ne saurait trop cacher ce qu'il y a de tendresse dans son ame : l'aveu qu'elle laisse échapper ne fait qu'un incrédule ou un ingrat.

JUMILLY. N'ai-je pas payé assez cher le droit de douter ?

LA DUCHESSE. Toujours douter !... (*Tendrement.*)Henri, quelle épreuve faut-il pour vous convaincre ?

JUMILLY. Je ne désire plus être convaincu, madame.

LA DUCHESSE. Ah ! monsieur !...

JUMILLY. A quoi bon ?... ne serons-nous pas désormais étrangers l'un à l'autre ?

LA DUCHESSE. Le pensez-vous réellement, Henri ?... (*Jumilly s'arrête au moment de répondre, elle regarde et dit à part :*) Il hésite !...

JUMILLY, *un peu ému.* Je ne dois plus, je ne veux plus vous revoir.

LA DUCHESSE, *piquée.* Je puis donc espérer, monsieur, que vous me rendrez la liberté ?

JUMILLY. Oui, madame.
(Il fait quelques pas vers la porte du fond.)

LA DUCHESSE, *à part.* Il me laisse partir !... tout est fini ! (*Elle marche aussi vers la porte.*) Mais qu'entends-je ?... quelqu'un monte !...

JUMILLY. En effet !... vous pouvez, madame, sortir de ce côté !... (*Il va vers la porte latérale.*) Ciel !... elle est fermée !...

LA DUCHESSE. Eh bien ! monsieur ?

JUMILLY, *à part.* C'est un tour de Grandet !...

LA DUCHESSE, *avec dignité.* Henri, je ne voudrais pas cesser de vous estimer !... et cependant quelqu'un vient ici, je n'ai pas un moyen de fuir !... aviez-vous le projet de me perdre ?

JUMILLY. Oh !... vous ne me soupçonnez pas d'une telle infamie !...

LA DUCHESSE. On approche pourtant!... on approche!... et je suis chez vous!...

JUMILLY. Croyez que j'ignorais... que je n'aurais jamais consenti.....ah! croyez-le je vous en conjure!...

(La porte s'ouvre; Grandet entre avec Adèle de Vauroy.)

LA DUCHESSE, *à part*. M. Grandet!..... je suis perdue!

SCENE V.
ADÈLE, GRANDET, JUMILLY, LA DUCHESSE.

AIR *de la Maison de Plaisance.*

GRANDET *et* ADÈLE.

Me voilà!
Vous m'excusez, j'espère?
Une amitié sincère
Près de vous m'appela.

GRANDET, *à la Duchesse.*

Daignez, madame, agréer mon hommage!
(*A Jumilly.*)
Mon cher, il faut me pardonner.

ADÈLE.

Nous sommes importuns, je gage;
Mais c'est monsieur qui voulut m'amener.

GRANDET, *à la Duchesse.*

Vous êtes surprise, peut-être,
De nous voir, à cette heure, ici?
(*A part.*)
Ma flûte n'aurait plus suffi;
Il était grand tems de paraître.

ENSEMBLE.

GRANDET *et* ADÈLE.

Me voilà, etc.

LA DUCHESSE.

Le voilà!
Ici que vient-il faire?
O douleur! ô colère!
Comment sortir de là?

JUMILLY, *à Grandet.*

Te voilà!
Quel est donc ce mystère?
Dis-moi, que viens-tu faire?
Ici qui t'appela?

GRANDET, *à Jumilly.* Je savais que tu n'étais pas seul, et j'amène mademoiselle qui sera charmée de faire connaissance avec madame.   (Il fait passer Adèle à sa gauche.)

LA DUCHESSE. Avec moi!

JUMILLY, *à part.* Que faire?...

ADÈLE. Veuillez m'excuser, madame: c'est une folie de M. Grandet, qui aime à rire, et qui sait que mon peu d'usage du monde me rend très-timide et très embarrassée avec les dames de Paris.

LA DUCHESSE, *à part.* Homme abominable!...

GRANDET, *à part, en se frottant les mains.* Je lui avais bien dit que nous nous reverrions.

JUMILLY, *bas à la Duchesse.* Ne craignez rien!... (*Haut.*) Ma chère Adèle, je ne m'attendais pas à votre visite: Grandet, qui sait que vous devez quitter Paris demain, a voulu sans doute que j'eusse le plaisir de vous présenter à ma sœur.

ADÈLE. Votre sœur!

GRANDET, *à part.* Sa sœur!... allons, le voilà qui va tout gâter!

JUMILLY. Oui, ma sœur, que vous ne connaissez pas, et qui, ayant appris mon retour, s'est empressée de venir chez moi en se rendant au bal.

LA DUCHESSE, *à part.* Je respire!

ADÈLE. Et pourquoi ne pas me dire cela, monsieur Grandet? Mais présentez-moi donc à votre sœur, général; que je lui dise tout ce que je dois au cœur noble et généreux de son frère.

JUMILLY, *à la Duchesse, et faisant passer Adèle près d'elle.* C'est Mlle Adèle de Vauroy.

LA DUCHESSE, *à part.* L'amie d'Ernestine!... quelle rencontre!...

JUMILLY. Son père fut mon compagnon d'armes et mon protecteur: vous voyez en elle la meilleure, la plus douce et.....

ADÈLE. Et la plus malheureuse des jeunes filles, n'est-il pas vrai!

GRANDET. Oui, certes, bien malheureuse!... car...

JUMILLY. Grandet!...

GRANDET. Que diable, tu me permettras bien de placer mon mot; je ne suis pas venu ici pour ne rien dire.

JUMILLY. Mais, du moins, tu prendras garde à ce que tu diras.

GRANDET. Oh! je n'oublierai point ce que je dois à la sœur de mon ami!... une sœur!..... diantre, une sœur!..... moi, je n'en ai jamais eu de sœur!...

ADÈLE. Je suis heureuse de penser que M. de Jumilly en a une, et que mon départ ne le laissera pas sans amie pour distraire et consoler ses chagrins; car vous le consolerez, n'est-ce pas? je sais, moi, tout ce qu'on souffre par l'ingratitude de ce qu'on aime.

LA DUCHESSE. Vous, mademoiselle, si jeune et si jolie!....

GRANDET. Qu'importent la jeunesse et la beauté? les coquetteries d'une femme insensible et vaine ont fait oublier tout cela et bouleversé son mariage. Oui, son prétendu a connu une coquette, et voilà le bonheur bien loin!.. Jumilly a connu une coquette, et voilà le repos et la gloire perdus! moi j'ai connu une coquette, et je me suis cassé la jambe gauche!.. Oh! les femmes.

LA DUCHESSE, *à part.* Quel supplice!... (*A Jumilly*) je suis ici depuis bien longtemps, vous permettez que je vous quitte?..

(Elle fait quelques pas.)

GRANDET, *lui prenant très respectueusement la main et la ramenant.* Comment, madame, si tôt!... nous ne le souffrirons point ; vous resterez encore près d'un frère dont vous regrettiez l'absence.

JUMILLY. Cependant, Grandet...

GRANDET. Tu as beau dire ! pour ma part, j'ai tant de plaisir à voir ici madame, que je serais capable de lui barrer le passage. *(Il va reprendre sa place.)*

ADÈLE, *à la Duchesse*. Pardonnez-moi !.. Je vous ennuie sans doute en parlant devant vous de ces tristes idées qui reviennent sans cesse, malgré mes efforts pour les chasser !.. au moment d'unir à jamais notre sort, une affaire importante contraignit celui que j'aimais à quitter la province où nous étions si heureux.

LA DUCHESSE, *à part*. Qu'entends-je ?

GRANDET. Aussi, laisser venir un amoureux à Paris !.. c'est ouvrir la cage à un chardonneret !.. cette année surtout, il s'en perd, c'est incroyable !.... s'il y avait des petites affiches pour ces choses-là, ce serait une fière entreprise !.. au reste, ce qui est perdu ne l'est pas pour tout le monde : n'est-ce pas, madame ?

LA DUCHESSE. Que sais-je, monsieur ?

GRANDET, *à part*. Oh ! quelle moue elle me fait !.... Ça va bien, ça va bien !..

JUMILLY. Ma chère Adèle, il faut oublier le passé.

ADÈLE. C'est ce que je m'efforce de faire, car M. Grandet qui connaît ma rivale, et qui n'a pas voulu m'apprendre son nom, m'a dit que je ne devais plus compter sur M. de Nerval.

LA DUCHESSE. M. de Nerval !..

JUMILLY, *à part*. Nerval !.. et ce bouquet de tantôt !.. Ah ! je devine tout !..

LA DUCHESSE, *à part*. Cette fiancée de province, c'était elle !....

GRANDET, *à part*, Bravo !.. ça chauffe !..

ADÈLE, *à la Duchesse*. Est-ce que vous le connaissez, madame ? est-ce que vous l'avez vu ?

LA DUCHESSE. Oui, quelquefois !..

JUMILLY, *à part*. C'est donc elle encore ! Ah ! je ne savais pas tous ses crimes !.... *(Il va s'accouder sur la cheminée.)*

ADÈLE, *à la Duchesse*. Dites-moi comment vous l'avez trouvé ?....

LA DUCHESSE, *à part*. Ah ! ne me laissons point abattre !

ADÈLE. Vous ne répondez pas ! mais vous avez raison ! tenez, je ne parlerai plus de lui ! il n'y a place désormais dans mon cœur que pour l'amitié : aussi, je ne veux m'occuper que de monsieur votre frère !... vous ignorez peut-être combien le rend malheureux la duchesse de Langeais ?

LA DUCHESSE. Mademoiselle !

GRANDET, *à part*. Bravo ! bravo !

ADÈLE. Je ne la connais point cette duchesse !.. mais l'important, c'est que notre ami ne l'aime plus !.... bientôt il sera comme moi ; il ne s'occupera pas plus d'elle que je ne m'occupe de M. de Nerval...... Ah ! dites moi, madame !, vous qui l'avez vu, vous savez sans doute pour quelle femme il m'abandonne ?.... est-elle bien plus jolie que moi ?...

LA DUCHESSE. Mon Dieu, mademoiselle, j'ignore absolument......

GRANDET.. Oh ! que non, oh ! que non, vous n'ignorez pas !.... Vous pourriez même, avec un peu de complaisance, dire à cette jeune et intéressante personne quelle femme lui a ravi son prétendu, quel art perfide elle employa pour l'attirer vers elle ; car vous avez vu M. de Nerval aux pieds de la duchesse de Langeais.

ADÈLE. La duchesse de Langeais !...

JUMILLY, *avec colère*. A ses pieds !.....

GRANDET. Oh ! très-respectueux et mystifié !.. comme les autres.

ADÈLE. Comment ! c'était elle ?... eh bien ! je ne sais pourquoi j'en avais le pressentiment !...... je sentais là quelque chose qui m'éloignait de cette femme !... Etre aimée de M. de Jumilly, et penser à d'autres !..... pouvez-vous comprendre cela, vous, sa sœur, qui savez combien une femme doit être heureuse de son amour ?.... mais il paraît que cette duchesse est faite ainsi !

GRANDET, *à part*. Elle va très-bien la petite provinciale !..

ADÈLE, *à la Duchesse*. Vous devez bien la détester, n'est-ce pas, madame ?

GRANDET. Oh ! madame la regarde d'un point de vue moins désavantageux : son opinion sur la duchesse n'est pas tout-à-fait impartiale.

LA DUCHESSE. Vous avez raison, monsieur ; et, pour la dernière fois, j'espère qu'on me laissera sortir d'ici. *(Elle fait quelques pas vers le fond.)*

ADÈLE, *à part*. Qu'a-t-elle donc ?

GRANDET, *se plaçant entre Adèle et la Duchesse*. Vous voulez vous rendre au bal sans doute ?.... mais vous n'irez pas seule !.... cela ne serait pas convenable.

LA DUCHESSE. Que voulez-vous dire ?

GRANDET. Que j'ai engagé un jeune et beau cavalier à venir ici, il pourra vous offrir sa main.

JUMILLY, *venant se placer entre la Duchesse et Grandet*. Qu'entends-je ?

LA DUCHESSE, *à part*. Quelle est cette nouvelle perfidie ?

GRANDET. Voici l'heure indiquée; il ne peut tarder. Et tenez, j'entends du bruit dans l'antichambre.

UN DOMESTIQUE, *annonçant.* M. de Nerval!....

ADÈLE, *à part.* Nerval!....

LA DUCHESSE, *à part.* Ah! que devenir?...

SCÈNE VI.
GRANDET, ADÈLE, NERVAL, JUMILLY, LA DUCHESSE.

NERVAL, *à Jumilly en entrant.* Vous m'avez fait prier de passer chez vous, général... que vois-je?... Mlle de Vauroy.

ADÈLE. Qui n'est pour rien dans cette rencontre, monsieur, et qui, devant dans quelques heures partir pour La Rochelle, a bien l'honneur de saluer M. de Nerval.
    (*Elle fait quelques pas pour sortir.*)

NERVAL. Vous ici, Adèle!.. vous!..... et Mme la duchesse de Langeais!....

ADÈLE, *s'arrêtant et revenant en scène.* Comment?..... la duchesse!......

NERVAL L'ignoriez-vous?

ADÈLE, *l'examinant avec effroi.* Ah!.....

GRANDET, *à part.* Ça la corrigera peut-être des conquêtes en partie double.

JUMILLY, *à part.* Grandet a été bien cruel!.... mais du moins elle est punie.

NERVAL, *à Adèle.* J'ose à peine, mademoiselle, lever les yeux sur vous! (*A la Duchesse.*) Et ce n'était pas ici, madame, que j'espérais avoir le bonheur de vous rencontrer.

LA DUCHESSE. Arrêtez, monsieur!..... (*A part.*) Il a repoussé mon amour!... il veut m'humilier et me perdre!..... oh! que je souffre!

ADÈLE, *stupéfaite.* C'était la duchesse de Langeais.

LA DUCHESSE, *à part et composant son visage.* S'il me voit humiliée, il ne m'aimera plus!.... Du courage!....

GRANDET. Oui, vraiment, il s'était rencontré une femme jeune et jolie, qui, froide, trompeuse et perfide......

LA DUCHESSE, *tout-à-fait remise et d'un ton moqueur et dédaigneux.* Permettez, monsieur, que je vous interrompe!.... ce début promet une piquante histoire : je me hasarderai pourtant à prendre la parole!.... non pas que je veuille enlever à monsieur..... monsieur..... comment se nomme-t-il donc?
(*Elle est venue se placer au milieu, entre Nerval et Adèle.*)

GRANDET. Grandet, madame, pour vous servir!...

LA DUCHESSE. Ah! oui!.... Grandet!..... je ne veux pas, dis-je, lui enlever le plaisir de nuire à une femme qui ne lui a jamais fait aucun mal!.. non, il pourra encore la calomnier, l'offenser, sans crainte comme sans péril; mais, avant qu'il y parvienne, je désire que vous m'entendiez.

JUMILLY. Eh! madame, que pouvez-vous dire?

NERVAL. Comment vous justifierez-vous?

LA DUCHESSE, *riant.* Me justifier?.... quoi! vous pensez, messieurs, que je me crois obligé à une justification?... il serait bizarre que moi j'eusse à me disculper; parce qu'il a plu à M. de Nerval, par exemple, de se donner un ridicule.

JUMILLY ET ADÈLE. Ah!....

GRANDET, *à part.* Pour celui-là, elle a peut-être raison.

LA DUCHESSE, *souriant amèrement.* Au lieu d'apprécier les grâces naïves, la sensibilité vraie d'une jeune et charmante personne, il a fallu à un orgueil provincial un défi lancé contre le cœur d'une Parisienne à la mode!... Monsieur a engagé le combat; il a cru que, comme César, il pourrait dire : Je suis venu, j'ai vu, j'ai vaincu!.... Mais, quand on livre la bataille, il faut avoir les moyens de la gagner; et ce n'est pas moi qui, la première, ai dit : Malheur aux vaincus !

ADÈLE, *à part.* Elle me venge de l'ingrat!

NERVAL. Vous abusez, madame, de ma position et de la vôtre.

LA DUCHESSE. Ce n'est pas moi qui les ai choisies, monsieur!

GRANDET. Non!... c'est moi! mais convenez que vous avez joué gros jeu!.. et même pour les joueurs les plus habiles, il y a parfois de mauvaises veines.

LA DUCHESSE. C'est possible !.... aujourd'hui, par exemple, une faible femme s'est trouvée sans défense contre une surprise grossière qu'elle ne pouvait soupçonner : accablée d'inculpations humiliantes dont il lui était impossible de se garantir !.. Car devait-elle prévoir que l'homme qui lui semblait le plus noble et le plus généreux se conduirait ainsi.

JUMILLY. Ah! ne m'accusez pas de cette action !...

LA DUCHESSE, *à Jumilly.* C'est à mon tour de vous dire, monsieur ; je ne vous permets pas encore de me répondre !...

AIR : *Soldat français.* (JULIEN.)
Sous mon regard vous baisserez les yeux ,
Puisqu'à parler vous m'avez condamnée !
Un jeu cruel fut joué dans ces lieux ,
Car une femme ici fut entraînée !...
Votre victime est là sans défenseur ;
D'un tel complot qui l'aurait avertie?...
Mais on risqua, pour déchirer son cœur,
    La délicatesse et l'honneur...
    Qui donc a perdu la partie?

JUMILLY, *troublé.* Madame !...

GRANDET, *à part.* Venons à son secours!..
(*Haut.*) Vous avez infiniment d'esprit,
madame, tout le monde le sait ; ce qu'on
a fait aujourd'hui sort un peu des règles
ordinaires ; j'en conviens!... vous pouvez
nous accuser... mais, du moins, vous ne
nous séduirez plus.

LA DUCHESSE, *riant.* Oh !... et que fe-
rais-je, je vous prie, de la séduction de
M. Grandet?

GRANDET. Eh mais !...

LA DUCHESSE, *à Jumilly.* Je suis chez
vous, monsieur ; j'y suis par surprise ; et
cependant réputation, estime, tout ce qui
fait la considération d'une femme peut
m'être enlevé par cette misérable vengeance?

JUMILLY. Ah ! vous ne doutez point de
ma volonté de vous soustraire à tout danger, à toute interprétation fâcheuse !

GRANDET, *à part.* Diable de poltron!...

LA DUCHESSE, *à Jumilly.* Je n'exige rien
de vous, monsieur, que la patience de
m'écouter un moment !... Votre digne ami
a voulu des témoins de ma présence chez
vous ; je consens à m'expliquer devant
eux. Moi, veuve et libre, objet d'attention
et d'envie, je ne le cache pas, j'ai cru devoir acheter l'estime et la considération
par le sacrifice de ces tendres sentimens,
que les hommes se donnent tant de peine
pour nous inspirer, quoiqu'ils nous con-
damnent si impitoyablement quand nous
les ressentons. J'ai occupé mon esprit du
soin de garantir mon cœur ; et ce que vous
nommez la coquetterie est devenu l'ange
gardien d'une conduite où la malveillance
n'a rien pu trouver à reprendre. Vous
vous révoltez contre cet instinct naturel
qui porte à désirer de plaire et qui fait
craindre d'aimer !... il est peut-être moins
le tort des femmes que le vôtre, messieurs !... vous avez de douces paroles pour
nous séduire ; vous en avez de cruelles
pour nous juger !... tous les moyens vous
sont bons pour nous soumettre, et vous
vous irritez des plus innocens, employés
pour assurer nos paisibles conquêtes.

GRANDET. Oh! innocens !... innocens !...

LA DUCHESSE. Une femme s'arme souvent de la plaisanterie, d'une froideur apparente, d'une indifférence qu'elle voudrait bien éprouver, et s'efforce ainsi de
disputer au sentiment qui l'entraîne une
liberté qui lui échappe !... heureuse quand
elle retarde assez l'aveu qu'on tâche de lui
arracher, pour connaître tel qu'il est celui
qu'une illusion allait rendre maître de son
cœur.

JUMILLY, *à part.* Serait-il vrai?...

GRANDET, *à part.* Ahie, ahie, ahie!...

LA DUCHESSE. Un instant, je l'avoue, j'ai
pensé que j'avais trouvé celui dont l'amour
devait l'emporter sur tout le reste, et mon
cœur croyait sentir que la vanité, les plaisirs, la fortune ne valent pas ce qu'il peut
y avoir de bonheur dans une parole d'a-
mour prononcée par l'homme qu'on aime et
qu'on estime !...
(*Elle regarde Jumilly qui semble s'émouvoir.*)

JUMILLY, *à part.* Oh!... s'il était possible?... Grandet !... Grandet !..

GRANDET, *à part.* C'est encore un piége!...

ADÈLE, *à part.* L'aimait-elle véritable-
ment?

LA DUCHESSE. On m'a donné le tems de
réfléchir, on m'a rendu service !... (*Elle va
vers Nerval.*) Monsieur de Nerval, peut-être
a-t-il fallu que la Parisienne fût défendue
contre vous par un sentiment qu'elle ne
s'avouait pas à elle-même ?... il y aurait peu
de générosité à m'enorgueillir d'une semblable victoire : pardonnez-moi donc mes
plaisanteries !... (*Elle s'approche d'Adèle.*)
Quand on est jeune, bonne et jolie, on fixe
à jamais l'amour, en dépit des coquettes et
des inconstans, soyez-en sûre, mademoiselle, et veuillez ne pas me garder rancune !...
(*Elle va à Grandet.*) Monsieur Grandet,
l'amitié excuse bien des choses ; et, en vérité, je devrais vous remercier de m'avoir
jugée digne d'être la compagne de l'homme
que vous aimez le plus au monde !... (*D'un
ton très-moqueur et très-gracieux.*) Il faut un
cœur dévoué comme le vôtre pour imaginer
de tels projets !... il est fâcheux seulement
de ne pas réussir ; mais que voulez-vous ?
le tout est de faire les choses à propos !...
votre ami ne m'aime plus sans doute... et
moi je ne l'aime peut-être pas encore ?... le
mariage que vous m'aviez annoncé manque
par force majeure !... après cela, il me semble que je n'ai plus qu'à me rendre au bal...
un peu tard, il est vrai, mais j'arriverai
encore à tems pour la dernière valse !....
Adieu donc, mademoiselle !... messieurs,
j'ai l'honneur de vous saluer !... (*A part, en
sortant.*) Je suffoque !.. mais ils ne m'auront
pas humiliée !...

SCENE VII.
ADÈLE, GRANDET, NERVAL, JUMILLY.

GRANDET. Que le diable m'emporte si
elle ne s'est pas encore moquée de nous!...
qu'importe, au reste, si j'ai réussi, si tu
ne l'aimes plus ?

JUMILLY. Que sais-je ?...

GRANDET. Oh ! mon Dieu !... est-ce que
ce serait à recommencer ?

ACTE III.

Même décoration qu'au premier acte.

SCÈNE PREMIERE.
LA DUCHESSE.

(*Au lever du rideau, elle est sortie de la porte de droite, est allée à la fenêtre, puis revient sur le devant.*)

LA DUCHESSE. Je croyais avoir entendu une voiture... non, ce n'était pas ici. (*Elle sonne, un domestique entre.*) A-t-on porté les lettres que j'ai données ce matin?

LE DOMESTIQUE. Oui, madame : Joseph est allé chez M. Grandet ; il n'était pas encore revenu de la campagne où il est depuis quinze jours, mais Joseph a cru devoir laisser la lettre, parce qu'on l'attend ce matin sans faute.

LA DUCHESSE. C'est bien, et l'autre?

LE DOMESTIQUE. Celle qui était adressée à M. de Jumilly? c'est moi-même, madame, qui m'en suis chargé, et je l'ai remise en mains propres, au moment où le général allait monter en voiture : il m'a dit en mettant la lettre dans sa poche : Il n'y a pas de réponse.

LA DUCHESSE. C'est bon!... Voilà tout, sortez. (*Le domestique sort. Seule.*) Pas de réponse!... oh! mon Dieu, toujours la même chose!... Ne le verrai-je donc plus? Trois semaines se sont écoulées depuis ce jour, ce jour fatal où j'ai senti près de lui... chez lui... que Jumilly m'était plus cher que tout au monde ; trois semaines, et il n'est pas venu!... je lui ai écrit... et point de réponse!... je l'ai cherché dans tous les lieux où je le voyais autrefois..... et je ne l'ai pas trouvé!... que fait-il?... où est-il? s'il savait ce qui se passe dans mon cœur? ah! il me l'a dit! il est des hommes qui ne pardonnent point!... aussi pourquoi jusqu'au dernier moment ai-je caché ce que je sentais là?... je ne voulais pas rester humiliée devant lui ; je l'ai bravé, je me suis montrée jusqu'au bout fière, indifférente et dédaigneuse!... oh! si, au lieu de cela, je lui avais dit la vérité! si j'avais répété mille fois ce qu'il ne voulait pas croire : Henri, je t'aime!... il aurait été convaincu!... il serait là, comme autrefois, tendre et dévoué!... S'il revenait! s'il pouvait revenir! si seulement il m'était donné de le retrouver pendant une heure tel que je l'ai vu durant une année entière!

AIR : *Pourquoi ne devine-t-il pas?* (Romagnesi.)
L'espérance est-elle perdue?
Reviendra-t-il jamais ici?
Cette incertitude me tue :
Non, je ne saurais vivre ainsi!...

Ces mots cruels qu'en son délire
Disait celui que j'affligeai,
C'est donc à mon tour de les dire?...
Hélas! je l'aime!... il est vengé!

SCÈNE II.
ERNESTINE, LA DUCHESSE, LA PRINCESSE DE BLAMONT-CHAUVRY.

ERNESTINE. Entrez, ma tante, entrez : voici ma sœur.

LA DUCHESSE, *s'avançant pour l'embrasser.* Ah! ma tante!

LA PRINCESSE. Du tout!... donne-moi ton beau front : je te défends de baiser mes rides ; les vieillards ont une politesse à eux.

ERNESTINE. Cela va-t-il un peu mieux, bonne sœur?

LA PRINCESSE. Je viens m'informer de ta santé ; car, depuis quelque tems, je ne te reconnais pas! tu ne parais plus au cercle de Madame, on ne te voit plus dans nos salons, tu souffres, tu pleures même quelquefois!... que signifie cela?

LA DUCHESSE, *souriant avec effort.* Oh! ce ne sera rien, je l'espère.

ERNESTINE. Moi qui revenais si contente et si heureuse de mon petit voyage!...

LA DUCHESSE. Tu avais tes raisons pour cela.

ERNESTINE. Mais, grâce à vous, j'en vais avoir pour être triste. C'est au point que je n'ai pas encore osé vous parler de la joie que la mère de Charles a éprouvée en embrassant la future de son fils, je pourrais presque dire sa femme, puisque notre contrat est signé. Elle était si fâchée de n'avoir pu venir à Paris! Mon oncle d'Augicourt vous dira comme elle l'a remerciée de m'avoir conduite auprès d'elle.

LA PRINCESSE. Et depuis quand de retour?

ERNESTINE. Depuis hier soir, ma tante, et je serais allée vous voir, si je n'avais trouvé ma sœur si changée et si souffrante. Avez-vous fait appeler le docteur?

LA DUCHESSE. Enfant!... Est-ce qu'un médecin peut me guérir?

ERNESTINE. Mais, dam! c'est son métier.

LA PRINCESSE. Ah! s'ils faisaient de ces cures-là?

ERNESTINE. Et tous nos amis? se portent-ils bien? le général .... y a-t-il long-tems que vous ne l'avez vu?

(*La Princesse va s'asseoir à gauche, et prend un journal sur la table.*)

LA DUCHESSE. Le général?...

ERNESTINE. Oui!... Question inutile, n'est-ce pas? il vient tous les jours, comme d'habitude.

LA DUCHESSE. Je ne l'ai pas vu depuis ton départ.

ERNESTINE. Est-il possible? voilà qui est singulier!... Ah! si je l'avais su, je lui aurais bien demandé pourquoi, par exemple !.....

LA DUCHESSE, *vivement*. Tu l'as donc vu ? où ? quand ?

ERNESTINE. Ce matin, à la porte des Tuileries ; il montait en voiture avec Adèle : oh ! il m'a bien aperçue, car il m'a fait comme cela de la main.

LA DUCHESSE. Ah !...

ERNESTINE. J'ai bien regretté de n'avoir pu parler à Adèle, car je lui en veux : avant de partir, je lui avais annoncé par une belle lettre la signature de mon contrat, et elle ne m'a pas donné signe de vie. A moins pourtant que sa réponse ne soit arrivée à la campagne pendant que mon oncle d'Augicourt me faisait faire un détour pour visiter d'autres parens. S'il en est ainsi, on me la renverra. Mais j'en reviens au général : comment se fait-il qu'il ne paraisse plus ?

LA DUCHESSE. Quelques travaux importans, peut-être ?....

ERNESTINE. Laissez donc ! on ne travaille pas toujours !... C'est que je serais très-fâchée de ne plus le voir ; je l'aimais beaucoup, d'abord !... Et lui aussi il vous aimait beaucoup !.... Est-ce que vous lui avez fait quelque chose ?

LA DUCHESSE, *avec embarras*. Quelle idée !

ERNESTINE, *souriant*. Oh ! vous étiez bien un peu capricieuse, un peu méchante avec lui ?... j'avais remarqué cela, moi, vous savez ?

LA PRINCESSE. Fiez-vous donc aux enfans !

ERNESTINE. Et j'avais voulu faire comme vous ?.....

LA DUCHESSE. En vérité ?

ERNESTINE. Oui, pendant cinq minutes ! mais ça ne m'a pas réussi, et entre nous, ma sœur, je vous conseille de changer de système.

UN DOMESTIQUE. Monsieur Charles de Vaudel est au salon.

ERNESTINE. Ah ! je vais le rejoindre?... A revoir, bonne sœur !... adieu, ma tante.

SCÈNE III.

LA DUCHESSE, LA PRINCESSE DE BLAMONT-CHAUVRY.

LA PRINCESSE. Maintenant que nous sommes seules, ma chère enfant, parlons un peu raison, si c'est possible. Tu m'as raconté le mauvais tour que t'a joué ce général de Buonaparte que vous avez tous la rage de regarder comme un homme distingué, et que moi j'aurais traité comme un paltoquet, il y a cinquante ans.

LA DUCHESSE. Ma tante !...

LA PRINCESSE. Oui, ma nièce, un pal-

toquet !... Te faire enlever, conduire chez lui !... et pourquoi ? pour te dire des grossièretés !.... Ça n'a pas de nom !.... Mais voyons, où en es-tu avec ce petit monsieur ?

LA DUCHESSE. Hélas ! ma tante, je lui ai écrit.

LA PRINCESSE. Quelle sottise !...

LA DUCHESSE. Et il n'a pas répondu à mes lettres.

LA PRINCESSE. Quelle impertinence !...

LA DUCHESSE. Il a cessé d'aimer.

LA PRINCESSE. Est-ce que tu aurais commencé, toi ?

LA DUCHESSE. Eh bien! oui, je dois tout vous dire !..... je l'aime plus que ma vie.

LA PRINCESSE. Phrase de roman, ma chère ! on n'aime ni toute sa vie, ni plus que sa vie ! Mais on aime, et c'est déjà bien assez !.. Ah ça ! que prétends-tu faire de cet amour-là !

LA DUCHESSE. Le sais-je ? puis-je comprendre ce qui se passe en moi ! je ne suis plus la même !

LA PRINCESSE. Et c'est, ma foi, bien dommage !

LA DUCHESSE. Qui donc lui dira que cette femme, si coquette et si dédaigneuse, connaît enfin l'amour ? qui lui persuadera qu'un sentiment vrai a changé son ame ?..

LA PRINCESSE. Voyez-vous ça !.. je l'avais prévu, et je t'avais dit de prendre garde.

LA DUCHESSE. Ah ! il le saura !.. je veux qu'il le sache !.. je viens d'écrire à M. Grandet.

LA PRINCESSE. Grandet !.. qu'est-ce que c'est que ça?... son confesseur ?

LA DUCHESSE. Non, son ami !.. Cet homme qui me hait, qui me déteste.

LA PRINCESSE. Ah! oui, je me souviens ! celui qui a grisé tes gens?.. C'est un homme de tête que ce garçon-là !... et si ça avait eu un nom et de la naissance, ça aurait fait quelque chose de mon tems.

LA DUCHESSE. Il a été sans pitié pour moi.... c'est lui qui m'a perdue dans le cœur de son ami.

LA PRINCESSE. Ta, ta, ta !.. perdue !.. perdue !... vraiment je t'écoute et je ne te conçois pas ! qu'as-tu donc fait de mes leçons, mon cher bijou ?....

LA DUCHESSE. Vos leçons !.. Ah ! c'est pour les avoir trop écoutées que jusqu'à ce jour je n'ai eu que de tristes et vains triomphes, et pas un instant de bonheur !..

LA PRINCESSE. Tout cela n'a pas le sens commun ! expliquons-nous : tant qu'il ne s'est agi que de t'amuser un peu de ce soldat décrassé dont on a fait un général, de le voir soupirer à tes pieds, il n'y avait pas grand' chose à dire ; ça pouvait même être plaisant !.. mais il prend cela au sérieux, et toi aussi ?.. il se permet envers la duchesse de Langeais une rouerie qu'on aurait tout au plus pardonnée à ce mauvais sujet de duc de Fronsac ?.. c'est trop fort !.. Si nous vivions encore sous notre bon roi Louis XV, il y aurait un moyen tout simple d'en finir : on enverrait le mauvais plaisant à la Bastille ou dans un hôpital de fous, comme fit cette charmante comtesse d'Egmont.

LA DUCHESSE. Ah ! ma tante, pouvez-vous bien rappeler une pareille action et regretter une semblable époque ?

LA PRINCESSE. Comment, si je la regrette ?... vraiment oui, tous les jours.

LA DUCHESSE. Est-ce possible ?

LA PRINCESSE. D'abord, souviens-toi, ma chère, qu'on regrette toujours l'époque où l'on avait vingt ans : puis, vas-tu me répéter les balourdises de vos gazettes libérales ? Écoute, mon enfant : je ne sais rien de plus calomnié dans ce bas monde que Dieu et le dix-huitième siècle ; car, en me remémorant les choses de ma jeunesse, je ne me rappelle pas qu'une seule duchesse ait jamais oublié son rang et foulé aux pieds les convenances, comme tu me parais disposée à le faire. Des poétriaux, des écrivailleurs, à qui nous donnions à dîner, ont imprimé les calomnies de nos femmes de chambre, et on est parti de là pour flétrir une époque que l'on ne connaît pas. Dans mon tems, vois-tu, on ne devenait pas folle pour un homme de l'espèce de ce Jumilly ; ces gens-là, on les distinguait, mais on ne se compromettait pas pour eux, et une femme savait garder sa dignité, même au milieu de ses galanteries. Je crois qu'il est tems que je te fasse songer à la tienne, puisqu'il n'y a plus moyen de faire enfermer ce petit monsieur.

LA DUCHESSE. Encore !... ma tante !...

LA PRINCESSE. Mon Dieu, sois tranquille ; je n'oublie pas que vous avez aujourd'hui des jurys, une charte, je ne sais quoi ; mais je vois avec peine que vous n'êtes pas ce que nous étions, nous ; que les rôles sont changés ; que ce sont les femmes à présent qui se dévouent pour les hommes ; que ces messieurs valent beaucoup moins et s'estiment bien davantage !... Sacrifiez-vous donc pour ces petits poitrinaires à gants jaunes et à lunettes d'écaille, qui abandonneraient dix femmes pour un amendement, qui fument comme nos cochers, et qui portent des pantalons pour cacher la maigreur de leurs jambes. Fi ! cela révolte.

LA DUCHESSE. Oh ! ma tante, pouvez-

vous bien le confondre avec les gens dont vous parlez ? vous ne le connaissez point ! il n'est pas un noble sentiment qui ne trouve place dans son cœur ; il n'est pas une grande pensée que son esprit ne puisse concevoir.

LA PRINCESSE. Bah ! bah ! on fait maintenant des grands hommes à si bon marché !

LA DUCHESSE. Et si je vous disais jusqu'où le sentiment que j'éprouve a failli me conduire ? quelle idée m'est venue à l'esprit ?

LA PRINCESSE. Quelque folie, sans doute ? parle ; dans ce tems-ci je m'attends à tout.

LA DUCHESSE. Eh bien ! dépitée de ne pas recevoir de réponse à mes lettres, indignée de son indifférence, un instant, le croiriez-vous ? j'ai imaginé d'envoyer ma voiture à sa porte.

LA PRINCESSE. Ah ! mon Dieu !

LA DUCHESSE. Je voulais que toute la ville me crût chez lui !

AIR : *Un Matelot*. (Mme Duchampge.)
Je le sais bien, alors j'étais perdue ;
Mon imprudence indignait tout Paris !
Mais si son ame eût été convaincue,
Que m'importaient d'hypocrites mépris ?
En me voyant de dédains abreuvée
Courber pour lui mon front humilié,
C'est sur son cœur qu'il m'aurait relevée,
Et son amour n'eût-il pas tout payé ?

LA PRINCESSE. Dans quel siècle vivons-nous, bon Dieu ? et qu'est-ce que je disais ? envoyer ta voiture à sa porte ! le maréchal de Richelieu faisait cela dans mon tems ; mais que ça vienne à la pensée d'une femme, voilà qui était réservé à cette époque, où tout est renversé ! Ma chère enfant, tu as perdu la raison.

LA DUCHESSE. Oh !... j'ai réfléchi, ma tante, et je me suis arrêtée !

LA PRINCESSE. C'est bien heureux !... mais, petite sotte que tu es, il vaudrait cent fois mieux aller chez lui le soir en fiacre que d'y envoyer ta voiture en plein jour !

LA DUCHESSE. Vous croyez !

LA PRINCESSE. Ce serait une faute, mais c'est préférable à une sottise, parce que ça peut toujours se nier.

LA DUCHESSE. Et si je veux que tout le monde sache que je l'aime ?

LA PRINCESSE. Il n'y a pas moyen de raisonner avec toi ; la tête est montée ; nous ne nous entendrions pas !...

LA DUCHESSE. Je le crains !

LA PRINCESSE. Comme il m'est impossible, je le vois bien, de ramener les esprits vers mon époque, il faut que je tâche de m'accommoder à la tienne : tu es maintenant mon seul intérêt dans la vie. Voyons donc !... essayons d'arranger tout cela ! Tu est férue de ton général Jumilly.

LA DUCHESSE. Il n'y a pas de bonheur pour moi sans son amour.

LA PRINCESSE. Oui, tu es disposée à te compromettre, à perdre pour lui ton présent et ton avenir!... il vaut encore mieux l'épouser. Ce sera une odieuse mésalliance... mais il y en a tant aujourd'hui!...

LA DUCHESSE. Et s'il ne m'aime plus?

LA PRINCESSE. Je voudrais bien voir cela!... Tu as écrit à ce M. Grandet? que lui mandes-tu?

LA DUCHESSE. Je l'engage à venir me voir : il est tout-puissant sur l'esprit de son ami.

LA PRINCESSE. Et tu veux le convaincre de la sincérité de tes beaux sentimens?

LA DUCHESSE. Si je parvenais à m'en faire un auxiliaire; s'il décidait son ami à revenir près de moi, ne fût-ce qu'un instant, je crois que je serais heureuse.

LA PRINCESSE. Eh bien! il ne serait pas convenable que tu fisses les premières démarches : je m'en charge.

LA DUCHESSE. Vous, ma tante!...

LA PRINCESSE. Oui, moi!... c'est bien à contre-cœur, je t'en réponds!... mais tu ferais quelque sottise; la vanité de ton petit général de Buonaparte en profiterait; tu serais perdue; et, dans ce tems-ci, une mésalliance vaut mieux qu'une aventure!... je recevrai ton M. Grandet, s'il se rend à ton invitation.

LA DUCHESSE. Oh! que vous êtes bonne!

LA PRINCESSE. J'y suis bien forcée!...

UN DOMESTIQUE, *entrant*. M. Grandet demande à voir madame la Duchesse.

LA DUCHESSE. C'est lui, ma tante.

LA PRINCESSE. Allons, rentre chez toi, et laisse-moi faire.

LA DUCHESSE. Prenez bien garde!..... ayez pour lui les plus grands égards!... songez que mon sort est peut-être dans les mains de cet homme!...

LA PRINCESSE. Sois donc tranquille!... on sait sa diplomatie!...... va, laisse-nous.

LA DUCHESSE. Je compte sur vous, ma tante.   (*Elle sort par la porte à droite.*)

LA PRINCESSE. C'est bon! c'est bon!... (*Au Domestique.*) Faites entrer. (*Seule un instant.*) La princesse de Blamont-Chauvry faire des avances à un M. Grandet!... Ce que c'est pourtant qu'une révolution!

SCENE IV.

La PRINCESSE, GRANDET.

LE DOMESTIQUE, *annonçant et sortant tout de suite*. M. Grandet.

GRANDET, *saluant*. Madame, vous m'avez fait l'honneur... (*Il lève la tête et voit la Princesse.*) Tiens!... pardon, madame!... (*Il fait un pas pour sortir.*)

LA PRINCESSE. Non, non!... approchez, monsieur.

GRANDET. C'est Mme la duchesse de Langeais qui m'a écrit...

LA PRINCESSE. Et c'est la princesse de Blamont-Chauvry, sa tante, qui vous reçoit.

GRANDET, *à part*. Une princesse!..... diable!... c'est encore mieux pour la qualité!... mais pour la figure!...

LA PRINCESSE. Monsieur, j'ai à vous parler.

GRANDET. Je suis tout oreilles, madame.

LA PRINCESSE. Vous avez, je crois, un ami qu'on nomme Jumilly?

GRANDET. Oui, madame, on le nomme ainsi depuis sa naissance.

LA PRINCESSE. Eh bien! c'est de lui qu'il va être question.

GRANDET. J'écoute.

LA PRINCESSE. Sachez que, par un caprice du sort assez bizarre, ma nièce a un service à réclamer de vous.

GRANDET. De moi, madame?... de moi, qui suis son ennemi le plus dévoué.

LA PRINCESSE. Qu'entends-je!... un pareil aveu...

GRANDET. Oh! j'ai eu l'honneur de le lui dire à elle-même.

LA PRINCESSE. En vérité!

GRANDET. Mais je dois avouer avec franchise que ce n'est pas à elle spécialement que j'en veux, c'est aux coquettes en général; ce qui fait qu'à l'armée on m'avait surnommé l'ennemi des femmes.

LA PRINCESSE. Et vous osez vous en vanter!

GRANDET. Pourquoi pas?..... Si vous connaissiez mon aventure avec la belle Oliska, madame, vous seriez moins étonnée.

LA PRINCESSE. Je ne sais pas, monsieur, ce que c'est que la belle Oliska, et je m'inquiète peu de vos aventures avec elle; mais il me semble que quand bien même il n'y aurait dans ce monde ni rang, ni titres, ni noblesse, pour commander le respect, la qualité de femme devrait suffire.

GRANDET. Oh! oui, sans doute, si elles n'étaient pas toutes prodigieusement trompeuses, quinteuses et capricieuses comme l'était Oliska.

LA PRINCESSE. Encore ce nom!... avez-vous bientôt fini, monsieur, de me jeter votre Oliska à la figure?..... c'est quelque couturière polonaise?

GRANDET. Bavaroise, madame!..... et pas du tout couturière!... diable!... plût à Dieu qu'elle l'eût été!..... il y a gros à parier qu'elle ne m'aurait pas fait casser la jambe gauche! car c'est seulement parmi ces jeunes beautés, pratiquant un art modeste au sixième étage, que j'ai rencontré un peu de bonté, d'humanité, de vraie émotion !... Ne faites pas la grimace, madame !... un cœur sensible et bon est une chose précieuse !..... Je conviens qu'il est fâcheux d'être obligé de monter six étages pour trouver cela !..... mais quand on le trouve, on ne regrette pas sa peine !.. Pour Oliska, c'est différent : elle habitait le palais du roi, à Dresde ; elle était noble, elle avait un titre ; aussi elle se moquait parfaitement de l'amour véritable... et je me suis cassé la jambe gauche !

LA PRINCESSE. Eh ! que m'importe votre jambe gauche ?

GRANDET. Cela m'importe beaucoup à moi... surtout dans les changemens de tems.

LA PRINCESSE. Brisons là, et écoutez-moi... Ma nièce, la duchesse de Langeais, a la faiblesse d'honorer de quelque estime un homme qui, je le crains bien, ne la mérite guère.

GRANDET. Madame !...

LA PRINCESSE. Silence, je vous prie !... Vous ignorez sans doute, monsieur, qu'un des aïeux de M. de Langeais, premier mari de ma nièce, fut tué à la neuvième croisade sous le saint roi Louis IX ?

GRANDET. C'est possible, madame : vous devez le savoir mieux que moi !..... je n'y étais pas.

LA PRINCESSE. Mais... ni moi non plus.

GRANDET. Je ne dis pas que vous y étiez.

LA PRINCESSE. Il ne manquerait plus que cela.

GRANDET. Mais j'étais à Lutzen, à Bautzen, à Montmirail et à Champaubert, où M. Jumilly s'est couvert de gloire sous l'empereur Napoléon.

LA PRINCESSE. Vous appelez cela de la gloire ; je ne veux pas chicaner là-dessus.

GRANDET. Vous faites, pardieu, très-bien.

LA PRINCESSE. Votre ami n'en est pas moins à une immense distance de ma nièce, vous en conviendrez avec moi.

GRANDET. Je ne conviens pas de ça du tout.

LA PRINCESSE. Je vous prie encore une fois, monsieur, de vouloir bien faire silence, et de me prêter toute votre attention.

GRANDET. Et moi, madame, je vous prie de vouloir bien ne pas vous permettre un mot offensant sur Jumilly.

LA PRINCESSE. Ne dirait-on pas que la princesse de Blamont-Chauvry doit du respect à un général de Buonaparte ?

GRANDET. Pourquoi non ? si le général de Buonaparte vaut mieux dans son petit doigt que toutes les comtesses, duchesses, princesses et pimbèches de votre faubourg.

LA PRINCESSE. Vous êtes un polisson !

GRANDET. Je ne vous dirai pas ce que vous êtes.

SCENE V.
La PRINCESSE, la DUCHESSE, GRANDET.

LA DUCHESSE, *entrant.* Mon Dieu ! qu'entends-je ?... qu'y a-t-il donc ?

LA PRINCESSE. Il y a qu'il faut sonner tes gens à l'instant même.

LA DUCHESSE. Pourquoi cela, ma tante ?

LA PRINCESSE. Pour faire sauter monsieur par la fenêtre.

GRANDET. Par la fenêtre ?... comme Oliska !... Doucement, s'il vous plaît !... Avec les femmes au-dessus de trente ans je passe toujours par la porte.

LA DUCHESSE, *avec beaucoup de douceur.* Monsieur !...

GRANDET. Et c'est le chemin que je vais prendre, puisque voilà tout ce qu'on me voulait ici.

LA DUCHESSE. Je vous en prie, monsieur, veuillez rester.

LA PRINCESSE. Oui, c'est à moi de sortir, tu as raison.

LA DUCHESSE. Chère tante, songez que monsieur vient ici à ma prière, et que vous m'aviez promis...

LA PRINCESSE. Et le moyen de se contenir près de certaines gens !... Adieu, je me retire ; mais je reviendrai avec ton oncle d'Augicourt, que je vais consulter... Tu es une folle, ma pauvre nièce, et je te prédis qu'il t'arrivera malheur avec tout ce monde-là. (*Elle sort par le fond en murmurant.*) Pimbèches !... manant !...

SCÈNE VI.
La DUCHESSE, GRANDET.

LA DUCHESSE, *très-gracieuse.* Je ne vous demande pas l'explication des paroles de ma tante, monsieur : l'excès de son amitié pour moi l'a peut-être rendue injuste, et je crains que vous n'ayez eu à vous plaindre de la vivacité qu'elle met à tout ce qui m'intéresse.

GRANDET, *à part.* Il paraît que ce sera moins orageux.

LA DUCHESSE, *s'asseyant.* Mais..... asseyez-vous donc, monsieur.

GRANDET. Je suis très-bien ainsi, madame.

LA DUCHESSE. Non, non !... je vous en prie !..... notre conversation peut se prolonger..... j'ai peut-être bien des choses à vous dire.

GRANDET, *s'asseyant.* Me voilà prêt à vous entendre.

LA DUCHESSE. Il y aura un mois bientôt, monsieur, que je reçus de vous une visite.

GRANDET. Oui, madame.

LA DUCHESSE. J'espérais qu'elle ne serait pas la seule.

GRANDET. Vous espériez?... cependant!...

LA DUCHESSE, *très-gracieuse*. On peut avoir quelques discussions, n'être pas tout-à-fait du même avis sur une chose, et pourtant estimer assez le caractère de quelqu'un, lui trouver assez de bonnes qualités pour désirer de le revoir.

GRANDET. Certainement.... madame.... (*A part*.) Que diable est cela?

LA DUCHESSE. Il est vrai que vous avez été absent quinze jours.

GRANDET. Vous vous êtes informée de moi, madame?

LA DUCHESSE. Apparemment, car nous n'avons guère les mêmes relations, si ce n'est...

GRANDET. Le général Jumilly.

LA DUCHESSE. Oui; mais je ne l'ai pas vu.

GRANDET. Bravo!... Il a tenu sa parole.

LA DUCHESSE. Comment?

GRANDET. Sans doute!... De maudites affaires m'ont contraint à m'éloigner de Paris durant quinze mortels jours; il m'avait bien promis de ne pas chercher à vous revoir : mais il a été si faible avec vous, madame, que je me défiais de lui. Je tremblais qu'il n'eût encore bouleversé tous les projets que j'ai formés pour son avenir, projets qu'il avait adoptés.

LA DUCHESSE. Ah!...

GRANDET. Je vois avec plaisir que c'est une affaire terminée, et qu'il ne vous importunera plus d'un amour que vous ne pouvez partager.

LA DUCHESSE. Mais qui vous a dit cela, monsieur Grandet?

GRANDET. Il me semble que ç'a été assez clair.

LA DUCHESSE. Oui, vous m'avez cru une femme insensible, et moi j'ai pu vous croire méchant!... nous nous sommes bien trompés tous deux.

GRANDET. Pas trop! pas trop!

LA DUCHESSE. Oh! je vous demande pardon!... car, sous cette apparence de rudesse, vous êtes bon, généreux.

GRANDET. Du tout, du tout!...

LA DUCHESSE. Vous avez donc pensé, monsieur Grandet, qu'il pouvait se rencontrer une femme capable de voir et d'entendre chaque jour votre ami sans apprécier ses nobles qualités, sans qu'elle reconnût que l'amour d'un homme tel que lui devait être la plus grande et la plus chère ambition de son cœur?

GRANDET, *à part*. Ah ça! mais, ce n'est plus la même femme.

LA DUCHESSE. Vous avez été sévère, cruel même envers elle!... eh bien! elle ne vous en veut pas, et elle vous demande aujourd'hui un peu d'indulgence en échange de son amitié.

GRANDET, *souriant, à part*. Quelle métamorphose!... (*Haut*.) Pardon, madame la duchesse!.... savez-vous bien que si l'on n'y prenait garde, rien ne serait plus facile que de se laisser aller à ces douces paroles, à ces regards charmans?.. oui, on jurerait qu'il y a place dans votre cœur pour une véritable émotion.

LA DUCHESSE. Et pourquoi s'obstinerait-on à en douter? pourquoi ne pas croire que mon ame est capable de comprendre la vôtre, et de pardonner à un dévouement qui vous honore ce que votre conduite envers moi a pu avoir d'irrégulier et de désobligeant?

GRANDET. Me pardonner?.. vous, madame!....

LA DUCHESSE, *approchant son fauteuil du sien*. Moi-même!.... je veux faire plus peut-être.

GRANDET. Quoi donc?

LA DUCHESSE. Vous contraindre à me rendre justice, à convenir qu'il y a quelque élévation, quelque nobles sentimens dans cette ame que vous avez si cruellement blessée.

GRANDET. J'avoue franchement que j'ai été un peu perfide, et que, pour ne pas me garder rancune, il faut que vous fassiez un grand effort sur vous-même.

LA DUCHESSE. Mais non!..... car désormais nous serons amis; la prévention cessera de vous aveugler. Vous viendrez me voir.... souvent; vous me raconterez les campagnes de votre ami; vous me direz la gloire qu'il s'est acquise, les nombreux dangers qu'il a courus quand son amour de la science l'entraîna dans les déserts de l'Egypte : vous me parlerez de vous aussi, de votre existence si pleine d'utiles travaux et d'importantes découvertes, car je n'ignore point que votre art vous doit beaucoup, et je compte sur vous, monsieur Grandet!

GRANDET. Certes, madame, ce serait avec grand plaisir.....

LA DUCHESSE. Oh! vous verrez qu'une duchesse peut être une bonne femme!... Que de fois il arrive dans le monde que notre opinion sur telle ou telle personne n'est que l'effet d'un malentendu, et qu'un moment d'entretien suffit pour changer toutes nos idées?.. Moi, par exemple, je vous avais mal jugé, et je m'en repens.

GRANDET, *à part*. C'est incroyable!.....

il y a dans toutes ses paroles un ton de franchise, un abandon!..... est-ce que cette femme-là aurait un cœur?

LA DUCHESSE. Je tiens trop à votre estime, monsieur Grandet, pour ne pas tâcher de vous faire revenir sur mon compte.

GRANDET, *embarrassé*. Mon Dieu! madame!.....

LA DUCHESSE, *lui tendant la main*. Vous ne me haïrez plus, n'est-ce pas?.

GRANDET. Vous haïr!..... est-ce que cela se peut? (*A part, en reculant son siége.*) Grandet, souviens-toi d'Oliska!....

LA DUCHESSE, *rapprochant son fauteuil*. Vous comprenez qu'une femme entourée d'hommages, obsédée de flatteries, doit se donner le tems de bien connaître l'homme qui lui demande tout son avenir, et que des yeux prévenus peuvent voir de la froideur et de la duplicité dans ce qui n'est que de la prudence.

GRANDET, *à part*. C'est possible ce qu'elle dit là! et j'ai peut-être été bien vite.

LA DUCHESSE. Votre ami a partagé vos préventions; vous n'avez rien négligé pour les accroître!

GRANDET. C'est vrai.

LA DUCHESSE. Vous aviez imaginé que les triomphes de la vanité étaient tout pour moi?

GRANDET. Est-ce que je me serais trompé, madame?

LA DUCHESSE. Croire que vous n'avez pas changé d'opinion, ce serait vous offenser : un homme aussi pénétrant que vous voit jusqu'au fond des cœurs, et vous connaissez le mien maintenant.

GRANDET. Madame!..... (*A part.*) Ma parole d'honneur, je n'y suis plus du tout!...

LA DUCHESSE. Vous regrettez à présent, j'en suis sûre, de m'avoir montrée à votre ami sous de si tristes couleurs? de l'avoir éloigné de moi?

AIR d'*Aristippe*.
Tout ce bonheur qu'apportait sa présence,
Quand m'entourait son amour assidu,
Grâce à vos soins, à votre défiance,
Mon cœur en vain l'a long-tems attendu,
Et pour tous deux c'est autant de perdu!
Les jours heureux ici-bas sont si rares!
Sur leur retour bien fou qui comptera :
Ah! croyez-moi, soyons-en plus avares!...
Qui sait si Dieu nous les rendra?
Qui sait, hélas! si Dieu nous les rendra?

GRANDET, *à part*. J'ai beau faire!.... cette femme-là a je ne sais quoi dans la voix, dans les manières!

LA DUCHESSE. Conveniez que vous avez été coupable!

GRANDET. Eh! mon Dieu, j'ai grand'peur de l'avoir été plus que vous ne croyez.

LA DUCHESSE. Comment donc?

GRANDET. Je ne m'étonnerais pas que Jumilly fût marié à l'heure où je vous parle.

LA DUCHESSE, *se levant vivement*. Marié!..

GRANDET, *se levant*. Oui, avec Mlle Adèle de Vauroy : vous savez, madame? celle à qui vous aviez enlevé M. de Nerval.

LA DUCHESSE. Marié.... avec elle!.....

GRANDET. J'avais arrangé cela avant mon départ; l'affaire était en bon train... tous les jours j'écrivais à Jumilly pour le presser de terminer, car je tenais à l'arracher à vos séductions. Il m'a répondu que je devais être paisible et qu'il disposait tout pour le bonheur de la jeune Adèle; depuis trois semaines il ne vous a pas revue, de sorte que......

LA DUCHESSE. Mais cela n'est pas possible!..... il n'est pas marié!...

GRANDET. Je n'en sais rien : en arrivant chez moi, je trouve votre lettre et j'accours à votre hôtel avant même d'aller embrasser mon ami.

LA DUCHESSE. Oh! il vous aurait indiqué le jour de la cérémonie, il vous aurait attendu.

GRANDET. C'est probable! mais le contraire se peut aussi.

LA DUCHESSE. Monsieur Grandet!

GRANDET. Vous pâlissez, madame?.... vous semblez souffrir?....

LA DUCHESSE. Hélas!.....

GRANDET. Là! nous y voici!.... son mariage vous mettrait au désespoir; vous l'aimez à cette heure! Que diable! pourquoi ne pas vous y prendre un peu plus tôt?..

LA DUCHESSE. Non! l'on ne renonce pas si vite à un bonheur qu'on a rêvé si long-tems; on ne se décide pas ainsi à empoisonner toute la vie de la femme qu'on a tant aimée!

GRANDET. Et qui se serait douté que ça empoisonnerait toute votre vie?

LA DUCHESSE. Vous voyez ce que j'éprouve, monsieur! vous le voyez, car mon cœur s'est dévoilé devant vous!

GRANDET. Oui, pardieu, oui, je vois que je me suis trop pressé, que vous valez mieux que je ne pensais, et que s'il était encore tems......

LA DUCHESSE. Il n'est pas, il ne peut pas être marié.

GRANDET. Je vais le voir, lui parler, lui dire.....

LA DUCHESSE. Que lui direz-vous, monsieur Grandet?

GRANDET. Ma foi, je lui dirai... je lui dirai que je ne vous reconnais plus ; que vous avez bouleversé toutes mes idées, que vous êtes une femme adorable !... Il me traitera sans doute de girouette... mais c'est égal !... Et, s'il est trop tard, ma foi, tenez, pour réparer mes torts envers vous...

LA DUCHESSE. Eh bien ?

GRANDET. Eh bien ! je vous épouse à sa place !

LA DUCHESSE. Vous, monsieur Grandet !

GRANDET. Ma parole d'honneur, j'en serais capable, tant vous m'avez brouillé la cervelle !...

LA DUCHESSE. Mais songez donc.....

GRANDET. Ah ! oui, c'est juste !...ce n'est pas moi que vous aimez ! je ne sais plus ce que je dis !... Allons, allons, je vais le trouver..... je vais tâcher.... Ah ça ! madame, s'il revient, vous ne recommencerez pas à vous moquer de lui ? bein?...

LA DUCHESSE. Ah ! monsieur !...

GRANDET. Ecoutez donc !...il est bon de prendre ses précautions : moi, qui dans ce moment-ci me fie à vos paroles, et m'apitoie sur votre chagrin, je suis peut-être un grand imbécile !

LA DUCHESSE, d'un ton affligé. Monsieur Grandet !...

GRANDET. Eh bien, non, voyons !..... je vous crois sincère.

LA DUCHESSE. A revoir, n'est-ce pas ?

GRANDET. A bientôt, madame !..(A part en sortant.) Diables de femmes, comme ça vous retourne !...

SCÈNE VII.

LA DUCHESSE, seule.

Non, il n'est pas trop tard !..... Je ne puis me décider à le croire !... mon souvenir ne se sera pas effacé si vite !... Cette jeune fille, il ne l'aimait point ; elle ne ne saurait le rendre heureux !... Le dépit, la colère ont pu le faire consentir... mais, malgré l'absence, mon image s'est placée entre elle et lui !... Son ami va lui parler ; il reviendra !.... oh ! que j'ai souffert !..... mais qu'il vienne, qu'il vienne !..... voilà tout !.... qu'il entende ma voix naguère encore si puissante, et je verrai s'évanouir tous ses projets d'indifférence et d'abandon !... Si M. Grandet lui-même, qui me détestait, s'est laissé toucher à mes paroles, que fera donc celui qui m'a tant aimée?... (Elle s'approche d'une glace.) Mais je suis pâle et changée... cette robe ne me sied pas... si j'essayais d'une autre toilette?..

AIR : Reviens à moi. (Romagnesi.)
Toi qui sais enchaîner les cœurs,
Beauté qu'on vante et qu'on adore,
Doux propos, regards séducteurs ;
A mon aide venez encore !...
Grâce à vous, on subit ma loi ;
Mais aujourd'hui tout est sincère !...
C'est pour aimer que je veux plaire !...
Secourez-moi ! (bis.)

(Elle sonne ; sa femme de chambre entre.)

LA FEMME DE CHAMBRE. Que veut madame la duchesse ?

LA DUCHESSE. M'habiller.

LA FEMME DE CHAMBRE. Faut-il donner l'ordre de ne pas recevoir ?.. J'entends une voiture. (Elle regarde par la fenêtre.) C'est celle de M. de Jumilly : madame la duchesse le reçoit-elle ?

LA DUCHESSE. Oui, oui !... sortez. (La femme de chambre sort.) Jumilly !... vient-il enfin de lui-même ?.... Ah !.... je savais bien qu'il ne pouvait pas être marié !..... Voyons, tâchons d'être assez calme pour ne dire que ce qu'il faut !...

UN DOMESTIQUE, annonçant. Monsieur le général Jumilly. (Il sort.)

SCÈNE VIII.

JUMILLY, LA DUCHESSE.

JUMILLY, saluant. Daignez, madame, agréer l'hommage de mon respect.

LA DUCHESSE, à part, après avoir salué. Quel ton glacial !... (Haut.) Votre meilleur ami sort d'ici, monsieur : l'avez-vous rencontré ?

JUMILLY. Non, madame ; j'ignorais même son retour.

LA DUCHESSE, à part. Ah !...

JUMILLY. Vous êtes étonnée, sans doute, du tems qui s'est écoulé depuis le moment où vous m'avez fait l'honneur de m'inviter à passer chez vous ?

LA DUCHESSE. Trois semaines !...

JUMILLY. Veuillez me pardonner cette impolitesse apparente ! J'ai attendu l'instant où je devais m'éloigner pour toujours...

LA DUCHESSE. Vous éloigner ?... et pour toujours ?... oh ! c'est impossible !

JUMILLY. Dans deux heures je pars : mais j'aurais été coupable en ne venant pas prendre congé de vous !... Vous reste-t-il, madame, quelques ordres à me donner ?

LA DUCHESSE, à part. Cela serait-il vrai?

SCÈNE IX.

JUMILLY, LA DUCHESSE, ERNESTINE.

ERNESTINE. Oh ! ma sœur, ma sœur, j'ai une grande nouvelle à vous apprendre... Ah ! monsieur de Jumilly ici !.. Il vient donc vous annoncer son mariage.

LA DUCHESSE. Son mariage !..

ERNESTINE. Tenez, lisez plutôt ce qu'Adèle m'écrivait, il y a quinze jours : la lettre a couru après moi à la campagne, et je viens de la recevoir.

LA DUCHESSE, prenant la lettre vivement et la parcourant à part. Ce mariage que M. Grandet avait arrangé...Oui !.. je dois épouser M. de Jumilly..... nous nous marions le 17... » C'était hier !... « Et nous partons pour l'Italie le 18 ! » C'est aujourd'hui !.. marié !..

(Elle reste anéantie et va s'asseoir à droite.)

UN DOMESTIQUE, annonçant. Mme la princesse de Blamont; M. le comte d'Augicourt.

SCENE X.

LA DUCHESSE, JUMILLY, GRANDET, LA PRINCESSE, D'AUGICOURT, *puis* ERNESTINE.

LA PRINCESSE, *à d'Augicourt, en entrant.* Oui, mon cher comte, venez, nous ne serons pas trop de deux pour empêcher une sottise.

ERNESTINE, *à part.* Comme ma sœur est triste !.. comme le général a l'air embarrassé !

LE DOMESTIQUE, *annonçant.* M. Grandet.

LA PRINCESSE. Il ne manquait plus que celui-ci !.. va-t-il encore nous parler de son Oliska et de sa jambe gauche ?

GRANDET. Mesdames, monsieur, j'ai bien l'honneur... J'étais sûr de te trouver ici, mon ami, et je viens.....

JUMILLY. *bas.* Silence !..

LA DUCHESSE, *à elle-même. (Elle tient la lettre à la main, elle est assise et n'a donné aucune attention aux personnes qui sont entrées.)* Il va partir !... et il est marié !..

JUMILLY, *s'approchant d'elle.* Veuillez permettre que je vous explique...

LA DUCHESSE, *se levant.* Pas un mot !.. toute l'explication, elle est dans ma conduite insensée !..

LA PRINCESSE. Mais qu'as-tu donc, ma nièce ? tes traits sont renversés !...

LA DUCHESSE, *se plaçant au milieu, entre sa tante et Jumilly.* Ce que j'ai ? C'est que, voyez-vous, j'ai été la plus folle des femmes !... je ne sais quelles pensées fausses et frivoles m'ont caché la vérité !... j'ai contraint mon cœur, j'ai dissimulé un sentiment qui était toute mon ame, j'ai jeté loin de moi un bonheur qui était ma vie !

(Elle froisse la lettre qu'elle tient encore.)

JUMILLY, *à part.* Grand Dieu ! serait-il possible ? *(Grandet s'est placé au coin de droite.)*

LA PRINCESSE. Ma nièce, ma nièce, prends donc garde à ce que tu dis.

LA DUCHESSE. Eh ! que m'importe ? Il n'est plus tems de feindre ! mon erreur a cessé, mais elle est irréparable ! l'être factice créé par mon orgueil a disparu ! c'est ma pensée, c'est mon ame qui parlent en ce moment ! Oh ! ma tante, que tous vos préjugés, que toutes ces misérables idées de vanité et de convenances sont petites et faibles devant un sentiment réel ! voyez-vous, ce monde avec ses plaisirs, ses intérêts, ses frivoles triomphes, je le quitte pour jamais, il m'a trompée ! il n'y a eu de vrai que son amour... et je l'ai sacri-

fié ! ma vie, je devais la consacrer à l'aimer, à le rendre heureux... eh bien !, ce bonheur, c'est une autre qui le lui donnera ! et c'est ma faute ! Et moi, moi ? une solitude et des regrets éternels, voilà ce qui me reste, ce que je veux ! j'y garderai du moins mon amour ; personne ne pourra m'enlever ce dernier bonheur ; il est là ! pour la vie ! lui, ma tante, lui ! il est marié !

LA PRINCESSE. Ah ! bah ! voilà qui est à merveille ! il n'y a plus rien à craindre.

GRANDET. Marié ? qu'est-ce que vous dites donc ?

JUMILLY, *bas.* Tais-toi. *(Haut.)* Oui, j'ai fait choix d'une compagne dont les vertus, les charmes et l'esprit suffisent pour inspirer l'amour le plus violent ! et pour comble de bonheur, son ame, aussi tendre, aussi passionnée que la mienne, partage un amour que rien désormais ne peut diminuer ni détruire.

(Il se met à genoux.)

LA DUCHESSE. Ah ! que vois-je !

JUMILLY, *se relevant.* Mathilde, ne m'avez-vous pas compris ? je suis encore à vous !

LA DUCHESSE. Grand Dieu !

AIR : *Vaudeville des Frères de Lait.*

Serait-ce encore une épreuve cruelle ?
Ces mots si doux ne me trompent-ils pas ?
　　　　JUMILLY.
Sa main, son cœur, les accordera-t-elle ?
J'attends mon sort !
　　LA DUCHESSE, *se jetant dans ses bras.*
　　　　Me voici dans tes bras !
Oui, je le vois, il ne me trompe pas !
L'orgueil long-tems régna seul en mon ame ;
Mais ce bonheur qu'à mes pieds j'ai foulé,
C'est sur ton cœur que mon cœur le réclame !...
L'orgueil se tait quand l'amour a parlé.

JUMILLY. Vous êtes à moi, Mathilde ?

LA DUCHESSE. Pour toujours.

GRANDET. A la bonne heure donc ! vous voyez bien qu'il n'était pas plus marié que moi ! mais il paraît que ça ne tardera guère.

LA DUCHESSE. Oh !... je suis trop heureuse !

ERNESTINE. Mais Adèle ?

GRANDET. Il lui a fait épouser ce matin M. de Nerval : en mon absence il avait changé toutes nos dispositions, et le sournois me l'avait caché. *(A part.)* C'est dommage ! car je l'aurais épousée volontiers, moi !

LA PRINCESSE, *à d'Augicourt.* Nous n'avons plus rien à faire ici, mon cher comte.

D'AUGICOURT. Il y aura un général de Buonaparte dans la famille.

LA PRINCESSE. Nous le ferons être marquis.

　　　　　　FIN.